Franz/Mattes · Das Wichtigste zu MS-DOS 5.0

Dietrich Franz
Rüdiger Mattes

Das Wichtigste zu MS-DOS 5.0

GABLER

Die Deutsche Bibliothek – CIP-Einheitsaufnahme

Franz, Dietrich:
Das Wichtigste zu MS-DOS 5.0 / Dietrich Franz; Rüdiger Mattes. – Wiesbaden: Gabler, 1992
ISBN-13: 978-3-409-19737-3 e-ISBN-13: 978-3-322-89241-6
DOI: 10.1007/978-3-322-89241-6
NE: Mattes, Rüdiger:

Der Gabler Verlag ist ein Unternehmen der Verlagsgruppe Bertelsmann International.

Lektorat: Christiane Marcour

ISBN-13: 978-3-409-19737-3

Vorwort

Die Autoren des vorliegenden Buches sind seit vielen Jahren in der kaufmännischen Berufsausbildung von Erwachsenen tätig. Das Buch ist das Produkt der dabei gewonnenen Erfahrungen. Die zu vermittelnden Lerninhalte orientieren sich sowohl an den Anforderungen der Praxis als auch an den Lehrplänen des kaufmännischen Berufsfeldes.

Das Buch vermittelt in der Einführung das erforderliche Grundwissen zur Datenverarbeitung mit dem PC.

Die Systeminstallation des Betriebssystems MS-DOS wird ausführlich beschrieben, nachdem das Grundwissen zur Arbeit mit dem Betriebssystem MS-DOS vermittelt wurde.

Praxisnah, mit vielen Ausführungsbeispielen, wird die Arbeit mit der DOS-Shell beschrieben. In der gleichen Systematik werden die grundlegenden DOS-Befehle, die dateiorientierten DOS-Befehle sowie die verzeichnisorientierten DOS-Befehle dargestellt.

Die Kapitel Erstellung geeigneter Stapeldateien zur Systemanpassung und zur Konfigurationsdatei geben viele praktische Tips zur Einrichtung des Systems.

Ein Dank an Katja für die sorgfältige Bearbeitung des Manuskriptes.

Heidelberg, Juli 1992

Dietrich Franz
Rüdiger Mattes

1. Grundlagen der EDV

1.1 Einführung

Kaufleute, Ingenieure oder Naturwissenschaftler kommen heute ohne den Computer nicht mehr aus. Ein Blick in Offerten großer Tageszeitungen zeigt, daß in diesen Berufen Kenntnisse und Fertigkeiten in der EDV vorausgesetzt werden. War EDV-Wissen bis in die 70er Jahre in der Regel den EDV-Spezialisten wie Programmierern, Systemprogrammierern und Systemanalytikern vorbehalten, müssen sich infolge der weiten Verbreitung von Kleinrechnern nun auch andere Berufsgruppen mit der Datenverarbeitung befassen. Der Computer steht nicht mehr nur in einem Rechenzentrum, zu dem nur ausgewählte Spezialisten Zutritt haben, er steht auf dem Schreibtisch der Sekretärin, des Sachbearbeiters, des Abteilungsleiters und des Assistenten der Geschäftsleitung.

Um mit einem PC effektiv arbeiten zu können, sind grundlegende Kenntnisse über die Geräte der Datenverarbeitung und des Betriebssystems MS-DOS zwingend notwendig. Bei der täglichen Arbeit müssen Sie Dateien kopieren, löschen oder Disketten formatieren. Sie wollen auch wissen, welche Dateien sich auf den Datenträgern befinden, Daten sichern und gegebenenfalls wiederherstellen. Diese und weitere Funktionen stellt Ihnen das Betriebssystem zur Verfügung.

Außerdem sollten Sie in der Lage sein, neue Programmsysteme in die Benutzeroberfläche des Betriebssystems einzubinden.

Der vorliegende Band gibt Ihnen dazu Tips und praktische Beispiele. Die Benutzeroberfläche DOS-Shell wird mit ihren Funktionen ausführlich dargestellt. Der Umfang der beschriebenen DOS-Befehle beschränkt sich jedoch bewußt auf den unbedingt notwendigen Umfang von DOS 5.0.

1.1.1 Informationen und Daten

Die Begriffe Information und Datum beschreiben im Grunde den gleichen Sachverhalt. Man versteht unter Daten **Angaben**, die sich auf **Dinge**, **Lebewesen** oder **Sachverhalte** beziehen.

Der Preis für ein Investitionsgut, der Inhalt der Personalakte oder ein Werbeschreiben sind Daten.

> Im Sprachgebrauch der EDV benutzt man den Begriff **Daten** für Informationen, die in Form von **Zeichen** dargestellt sind.

Zeichen sind in der EDV

- Ziffern (0-9)
- Buchstaben (A bis Z)
- Sonderzeichen (,.!?&" = + - % usw.).

Überweisungsauftrag an 672 900 00

Heidelberger Volksbank eG
6900 Heidelberg

Buchungsvermerke der Bank

Empfänger (genaue Anschrift): Fa. A. Haungs, Moos
Bankleitzahl: 66032000

Konto-Nr. des Empfängers: 37019
bei - (Volksbanken, Raiffeisenbanken usw.) oder ein anderes Konto des Empfängers *): Volkbank Bühl

Verwendungszweck (nur für Empfänger): Rechnung v. 2.2.90 Zeitschrift "Caroline"
DM: -18,-

Konto-Nr. des Auftraggebers: 1982
Auftraggeber: Brunhild Thieme

*) Soll die Überweisung auf ein anderes Konto ausgeschlossen sein, so sind die Worte „oder ein anderes Konto des Empfängers" zu streichen.

15.2.90 Thieme
Datum Unterschrift

1

Mehrzweckfeld	Konto-Nr.	Betrag	Bankleitzahl	Text

67290000ʃ 20H

Bitte dieses Feld nicht beschriften und nicht bestempeln

Abb. 1: Überweisungsauftrag

> Daten sind mit Hilfe von Zeichen dargestellte Informationen über Personen, Sachen und Sachverhalte.

Alle kaufmännischen Belege enthalten eine Vielzahl von unterschiedlichen Daten. Ein Überweisungsauftrag (Abb.1) weist die Daten Empfänger, Kontonummern, Bankleitzahlen, Kreditinstitut und Auftraggeber auf. Zum Teil sind die Daten in einer speziellen Schrift gedruckt, die eine Datenverarbeitungsanlage (DVA) erkennen kann. Wird der Überweisungsauftrag durch entsprechende Angaben im Mehrzweckfeld und im Betragsfeld ergänzt, so läßt er sich vollautomatisch maschinell lesen.

Man unterscheidet zwei grundlegende Typen von Daten, die **numerischen** und die **alphanumerischen** Daten. Numerische Daten oder Zahldaten sind Daten, mit denen Rechenvorgänge ausgeführt werden können. Sie bestehen ausschließlich aus **Ziffern** und können Vorzeichen (+-) und Dezimalkomma (Dezimalpunkt) besitzen.

Beispiele für **numerische** Daten:

Preis:	264,50
Menge:	12
Rabattsatz:	33,3

Mit alphanumerischen Daten oder Textdaten wird niemals gerechnet. Sie können sich aus **Buchstaben, Ziffern** und **Sonderzeichen** zusammensetzen.

Beispiele für **alphanumerische** Daten:

Name:	Isolde Haungs
Ort:	6900 Heidelberg-Weststadt
Bezeichnung:	Tennisschuhe Größe 37

Daten aus Buchstaben und Sonderzeichen sind immer alphanumerisch. Das ist bei Daten, die nur aus Ziffern bestehen, anders. Man hat die Wahl, sie als numerische oder als alphanumerische Daten zu verwenden.

Beispiele für **alphanumerische** Daten aus **Ziffern**:

Artikelnummer:	800345
Kontonummer:	1976982
Postleitzahl:	6901

Niemand wird auf die Idee kommen, mit einer Postleitzahl oder einer Kontonummer Rechenoperationen anzustellen. Zur Vermeidung von Fehlern durch Verwechslung ist es guter Brauch, Daten, die nie zum Rechnen im mathematischen Sinne gebraucht werden, zu alphanumerischen Daten zu erklären. Das bedeutet, man teilt dem verwendeten Programmsystem mit, sie seien alphanumerisch. Daraufhin wird sich das System weigern, mit den alphanumerischen Werten zu rechnen. In den Kapiteln über Tabellenkalkulation und Datenbanken stoßen Sie wieder auf die Unterscheidung der Datentypen.

Numerische Daten sind immer **Zahlenwerte, alphanumerische Daten** können aus **Buchstaben, Ziffern** und **Sonderzeichen** bestehen.

1.1.2 Datenverarbeitung

Datenverarbeitung ist ein **Prozeß**, in welchem gewünschte Daten (Zielinformationen) aus anderen Daten (Ausgangsinformationen) gewonnen werden. Unter Datenverarbeitung versteht man Vorgänge wie Rechnen, Vergleichen, Sortieren, Aufbereiten von Text für den Druck usw.

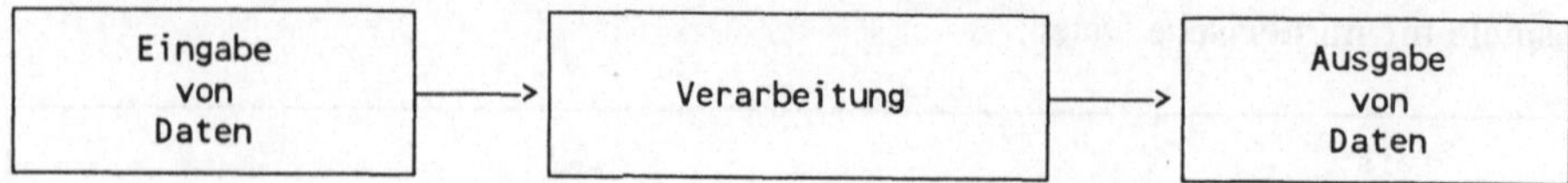

Hier zeigt sich das **Grundprinzip** der Datenverarbeitung, das **EVA-Prinzip** (Eingabe-Verarbeitung-Ausgabe). Es zeichnet jede Art von Datenverarbeitung aus, nicht nur die maschinelle, sondern auch die menschliche bzw. manuelle Datenverarbeitung. Nehmen wir das Beispiel einer Erlösberechnung. Aus der verkauften Menge einer Ware und dem Einzelpreis wird der Verkaufserlös ermittelt.

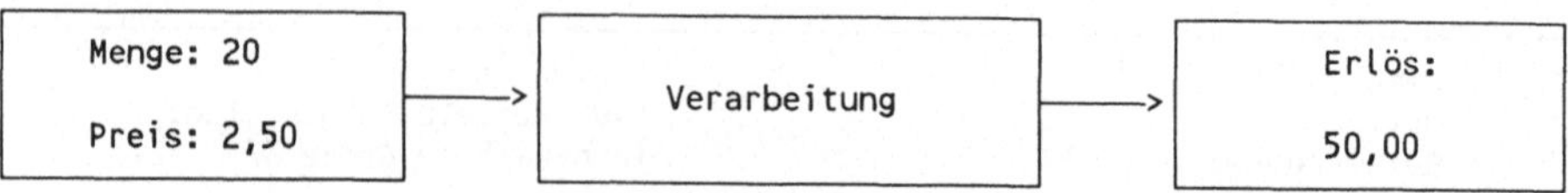

Die Frage "Wodurch wird die Verarbeitungsleistung bewältigt?" kann für die menschliche Datenverarbeitung folgende Abbildung veranschaulichen:

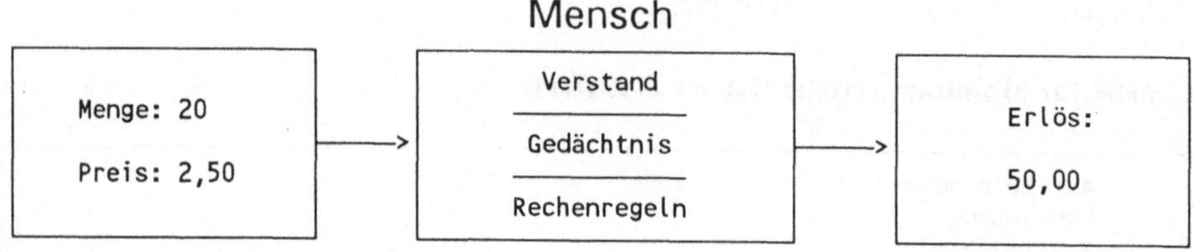

Der Mensch braucht seinen gesunden Verstand, um das Problem zu erkennen und um Rechenregeln richtig anzuwenden. Im Gedächtnis hat er die gerade gelesenen Werte für Menge und Preis. Nun kann er mit Hilfe der Rechenregel für die Multiplikation mit der Verarbeitung der Daten beginnen. Bei der maschinellen Datenverarbeitung übernimmt der Computer bzw. dessen Bauteile die gleiche Arbeit.

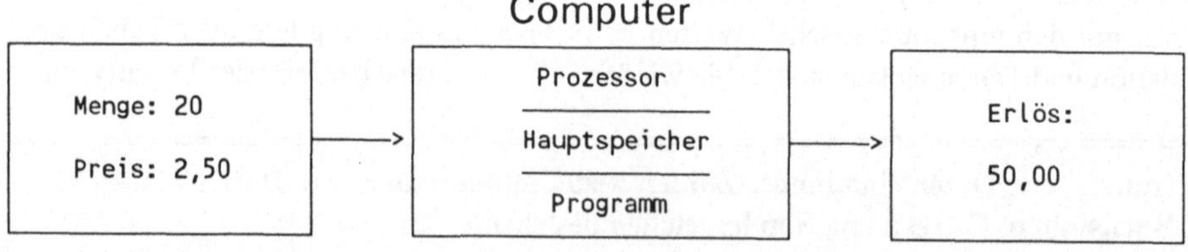

Der Prozessor legt die Werte für Menge und Preis vorübergehend im Hauptspeicher ab. Das Programm enthält die Rechenregeln. Der Prozessor liest das Programm und erfährt so, wie das Ergebnis zu ermitteln ist. Im Gegensatz zur menschlichen Datenverarbeitung unterlaufen dem Computer Fehler äußerst selten. Auf Berechnungen des Computers kann man sich in aller Regel verlassen. Außerdem wickelt der Computer Routinearbeiten erheblich schneller als der Mensch ab. Neben Kostenerwägungen sind dies die wichtigsten Gründe für die rasche Verbreitung von EDV-Anlagen.

Der Prozeß der Datenverarbeitung durchläuft die Stationen Eingabe, Verarbeitung und Ausgabe. Man nennt deshalb das EVA-Prinzip das Grundprinzip der Datenverarbeitung.

1.2 Geräte der EDV

Die Geräte der elektronischen Datenverarbeitung faßt man unter dem Begriff **Hardware** (harte Ware, Eisenwaren) zusammen. Eine individuelle Zusammenstellung von Hardware zu einer EDV-Anlage nennt man **Konfiguration**.

Abb. 2 zeigt eine Konfiguration, die den Mindestanforderungen für professionelle Anwendungen genügt. Die Pfeile zeigen den Datenfluß. Daten werden über die **Tastatur** eingegeben. Die **Zentraleinheit**, die zentrale Verarbeitungseinheit, sorgt für die Verarbeitung der Daten und der **Bildschirm** für deren sichtbare Ausgabe. Hier ist wieder das EVA-Prinzip erkennbar.

Die Zentraleinheit speichert Daten nur so lange, wie der Strom eingeschaltet ist. Einen Speicher, der Daten permanent für eine spätere Wiederverwendung aufbewahrt, besitzt die Zentraleinheit nicht. Auch die Ausgabedaten auf dem Bildschirm sind flüchtig. Man kann sie nicht dauerhaft verfügbar machen, wie etwa ein Schriftstück.

In Unternehmen müssen große Datenmengen für Buchhaltung, Einkauf, Lager, Fertigung, Verkauf, Personalverwaltung usw. ständig bereitstehen und abrufbar sein. Deshalb sind sog. Massenspeichergeräte notwendig, die in der Lage sind, Daten beliebig lange aufzubewahren, neue Daten aufzunehmen und nicht mehr benötigte Daten zu löschen bzw. zu überschreiben.

Große Datenbestände bewahrt man meist auf magnetischen Datenträgern auf, von denen die Daten von der EDVA jederzeit schnell wieder abgelesen, man sagt "eingelesen" (von <u>ein</u>geben und <u>lesen</u>) werden können. Solche Datenträger funktionieren ähnlich wie eine Musikkassette oder eine Scheckkarte. Durch Magnetisierung mittels unterschiedlicher elektrischer Impulse schreibt eine elektronische Einrichtung Daten in Spuren um. Dieselbe Einrichtung kann die Daten auch wieder ablesen, indem sie die geschriebenen Magnetfelder in elektrische Impulse rückübersetzt.

Magnetische Datenträger sind mit magnetisierbarem Material beschichtete Plastikscheiben (**Disketten**), Metallscheiben (**Magnetplatten**) oder Plastikbänder (**Magnetbänder**). Die Datenträger werden von Geräten beschrieben und gelesen, die man **Disketteneinheiten**, **Magnetplatteneinheiten** und **Magnetbandeinheiten** nennt. Ein **Drucker** zum Bedrucken von Endlospapier oder Einzelblättern ergänzt die Mindestkonfiguration.

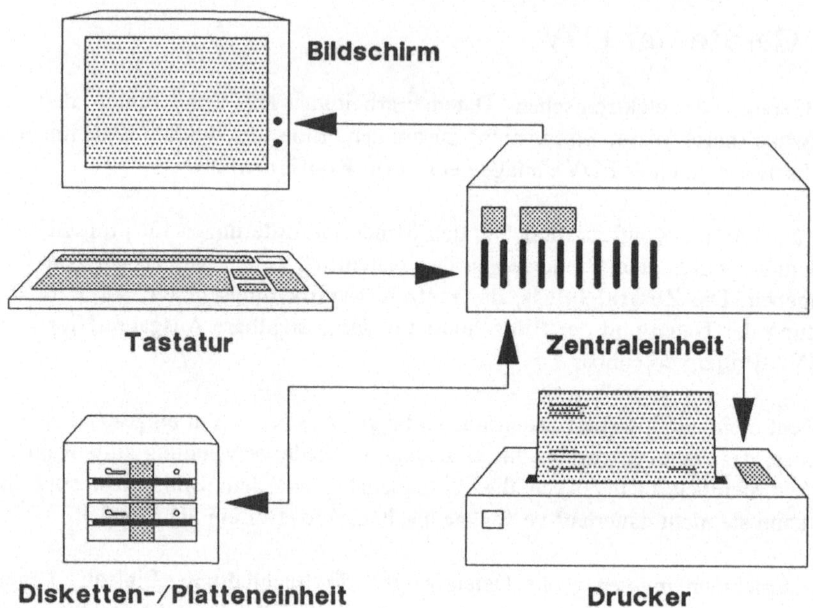

Abb. 2: Mindestkonfiguration für professionelle Anwendungen

Bei Kleinrechnern bildet die Disketten- oder Magnetplatteneinheit meist kein separat in Erscheinung tretendes Gerät. Sie ist dann im gleichen Gehäuse wie die Zentraleinheit untergebracht (Abb. 3). Dennoch betrachtet man sie als eigenständige Einheit.

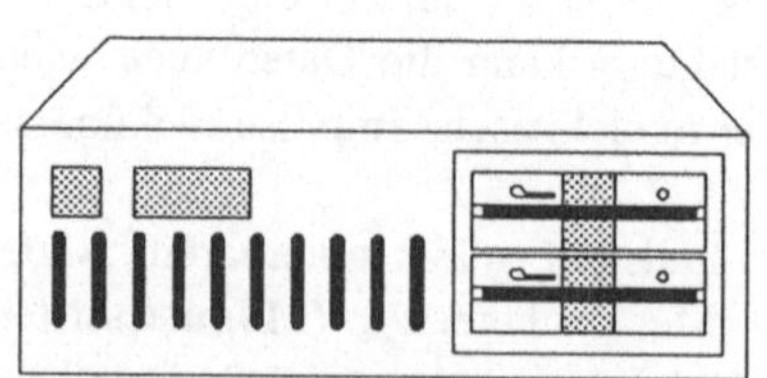

Abb. 3: Zentraleinheit und 2 Disketteneinheiten im gleichen Gehäuse

1.2.1 Zentraleinheit

Die **Zentraleinheit** führt die eigentlichen Verarbeitungsvorgänge durch. Sie besteht aus den Baugruppen **Prozessor, Zentralspeicher, Ein-/Ausgabewerke** und **Bussystem**. Diese Teile der Zentraleinheit sind hinsichtlich Leistungsfähigkeit, Kapazität und Geschwindigkeit eng aufeinander abgestimmt.

1.2.1.1 Prozessor

Der Prozessor besteht funktional aus **Rechenwerk** und **Steuerwerk**.

Das **Rechenwerk** (engl. arithmetic logic unit oder ALU) führt Berechnungen aus. Insofern gleicht seine Funktion ein wenig dem Taschenrechner. Es wird aber auch gebraucht, um zu runden oder zwei Werte zu vergleichen.

Nehmen wir an, eine Rechnung ist zu schreiben. Dann erledigt das Rechenwerk alle notwendigen Additionen, Subtraktionen, Multiplikationen und Divisionen. Falls der Kunde ab einem bestimmten Warenwert Rabatt erhalten soll, muß verglichen werden, ob der errechnete Warenwert den rabattfähigen Betrag erreicht oder überschritten hat. Auch diesen Vergleich stellt das Rechenwerk an.

Das **Steuerwerk** (Leitwerk, engl. control unit) regelt und überwacht alle Vorgänge in einer Zentraleinheit. Ob gerechnet, verglichen, ausgegeben oder gespeichert werden soll, all das veranlaßt das Steuerwerk. Obwohl das Steuerwerk alle Prozesse leitet, ist es ein unselbständiges Maschinenteil ohne eigene Intelligenz im menschlichen Sinne. Das Steuerwerk reagiert lediglich auf ein **Programm**, das zuvor in den Hauptspeicher geladen wurde. Das Programm bildet die **Arbeitsvorschrift** für das Steuerwerk. Es liest diese Arbeitsvorschrift jedesmal, bevor es einen weiteren Arbeitsschritt unternimmt. Ohne Arbeitsvorschrift, d.h. ohne Programm, ist das Steuerwerk nicht in der Lage, einen Arbeitsschritt zu tun.

> Der Zentralspeicher hält Programme und Daten für die aktuellen Verarbeitungsprozesse bereit.

1.2.1.2 Zentralspeicher

Der **Zentralspeicher** hält alle Daten bereit, die im Augenblick ihrer Verarbeitung gebraucht werden, die gerade eingegeben wurden oder ausgegeben werden sollen. Auch die dazu notwendigen Programme müssen im Zentralspeicher liegen, um für das Steuerwerk jederzeit verfügbar zu sein. Beim Zentralspeicher drängt sich der Vergleich zum menschlichen Gedächtnis auf. Alle Informationen, die der Mensch für seine Arbeit braucht, muß er sich beschaffen und zunächst in seinem Gedächtnis speichern. Im Englischen heißt Zentralspeicher infolgedessen auch "memory". Doch in technischer Hinsicht unterscheiden sich die Funktionsweisen von Zentralspeicher und Gedächtnis beträchtlich.

Der Zentralspeicher wird auch **interner** Speicher genannt, weil er seinen Platz in der Zentraleinheit hat. Disketten, Magnetplatten, Magnetbänder und andere Speichermedien faßt man unter dem Begriff **externe** Speicher zusammen. Der größte Teil des Zentralspeichers ist als sog. **RAM** (Random Access Memory, d.h. Speicher für wahlfreien Zugriff) angelegt. Ein RAM ist in der Lage, Daten auf beliebigen (wahlfreien) Stellen zu speichern. Danach können diese Daten jederzeit gelesen oder durch Überschreiben wieder gelöscht werden. Der RAM läßt sich vereinfacht mit dem menschlichen Kurzzeitgedächtnis vergleichen. Das Kurzzeitgedächtnis muß immer neue Eindrücke aufnehmen. Um eine Arbeit zu erledigen, rufen wir uns Daten und Vorgehensweisen ins Kurzzeitgedächtnis zurück. Ist die Arbeit getan, treten neue Informationen an ihre Stelle.

Programme und Daten stehen während der Verarbeitung im RAM. Man bezeichnet ihn auch als **Schreib-/Lesespeicher** oder, weil der Benutzer diesen Speicher als seinen **Arbeitsbereich** benutzt, als Arbeitsspeicher. Wird der Strom abgeschaltet, verschwinden die Informationen im Arbeitsspeicher. Aus diesem Grund speichert man die Daten aus dem Arbeitsspeicher vorher auf externe Datenträger (Diskette, Magnetplatte, Magnetband).

Ein weiterer Teil des Zentralspeichers ist der **ROM**. Im Gegensatz zum RAM ist der ROM ein Nur-Lese-Speicher (Read Only Memory). ROM's sind integrierte Schaltkreise (IC), die ihre Information dauerhaft speichern. Einige wenige Programme braucht der Prozessor direkt nach dem Einschalten, um die EDVA für die beginnende Arbeit bereitzumachen. Weil es sich dabei immer um die gleichen Programme handelt, speichert man solche und andere stets gleichbleibende Programme von seiten des Herstellers **fest** in einen ROM ein. Darum ist auch der Begriff **Festspeicher** geläufig. Die im Festspeicher dauerhaft geschalteten Programme sind die **Firmware** (engl. firm = fest, standhaft). Diese Bezeichnung hat sich neben den Begriffen Hardware und Software für alle grundlegenden Programme eingebürgert, die dauerhaft mit der Hardware verbunden vom Hersteller dem EDV-System mitgegeben wurden.

Es ist nicht möglich, in einen Festspeicher Daten zu schreiben. Der Inhalt eines Festspeichers bleibt unabhängig von der gerade laufenden Verarbeitung immer gleich. Der Inhalt des Festspeichers könnte in seiner Funktion mit den Programmen des menschlichen Kleinhirns verglichen werden. Mit den wichtigsten lebenserhaltenden Programmen für Atmen, Herzschlag, Verdauung und Stoffwechsel kommen wir zur Welt und behalten sie unser Leben lang.

Die Fähigkeit, Daten zu speichern, verdankt der Zentralspeicher einer Vielzahl von Transistoren, die elementare Informationen festhalten können. Je 8 Transistoren bilden **einen Speicherplatz** für ein einzelnes Zeichen (Ziffern, Buchstaben, Sonderzeichen).

Alle Speicherplätze des Zentralspeichers sind von 0 bis N durchnumeriert, wie z.B. die Postfächer in einem Postamt oder die Häuser einer Straße. Deshalb spricht man auch von Adressen bzw. **Hauptspeicheradressen**.

Beispiel:

Ab Speicherplatz 230 im Arbeitsspeicher soll der Name ISOLDE gespeichert werden. Nach dem Speichervorgang ergibt sich folgender Zustand:

Speicherplätze :	I	S	O	L	D	E							
Speicheradressen:	230	231	232	233	234	235	236	237	238	239	.	.	. .

Soll der Computer diesen Vornamen benutzen, etwa zum Drucken einer Postanschrift, so muß der Prozessor durch Anweisungen eines Programms erfahren, auf welchen Speicheradressen die Buchstaben stehen, damit er sie an den Drucker weitergeben kann. Bevor eine zweite Anschrift gedruckt werden kann, ist der gespeicherte Vorname durch den Vornamen aus der zweiten Anschrift zu ersetzen. Der Prozessor überschreibt dann die Speicherstellen.

Speicherplätze :	B	R	U	N	H	I	L	D	E				
Speicheradressen:	230	231	232	233	234	235	236	237	238	239	.	.	. .

Zentralspeicher moderner Kleinrechner können heute bereits bis zu mehreren Millionen Zeichen aufnehmen. Bei Großanlagen sind es unter Umständen Milliarden.

Der Zentralspeicher hält Programme und Daten für die aktuellen Verarbeitungsprozesse bereit.

1.2.1.3 Ein-/Ausgabewerke

Ein-/Ausgabewerke sind Funktionseinheiten, die das Übertragen von Daten aus Eingabegeräten und externen Speichern in den Zentralspeicher oder vom Zentralspeicher auf Ausgabegeräte und externe Speicher steuern.

Ein-/Ausgabewerke bilden Bindeglieder zwischen externen Einheiten und dem Zentralspeicher. Jedes an einen Computer angeschlossene Gerät braucht ein entsprechendes E/A-Werk. Beispiele für E/A-Werke in Mikrocomputern sind der **Videocontroller** (für die Bildschirmsteuerung), das **Druckerinterface** und der **Plattencontroller**. Der Videocontroller sorgt dafür, daß auszugebende Daten in Form von Zeichen auf dem

Bildschirm sichtbar werden. Das Druckerinterface bereitet die Daten für den Drucker auf und der Plattencontroller steuert Disketten- und Festplattenlaufwerke an.

> Ein-/Ausgabewerke übertragen Daten von externen Einheiten in den Arbeitsspeicher und vom Arbeitsspeicher auf externe Geräte.

1.2.1.4 Bussystem

Das **Bussystem** (Abb. 4) ist das Nervensystem einer EDVA. Alle Funktionseinheiten der Zentraleinheit tauschen über das Bussystem Informationen miteinander aus. Busse sind elektrische Leitungen, die Adressen, Steuerimpulse und Daten transportieren.

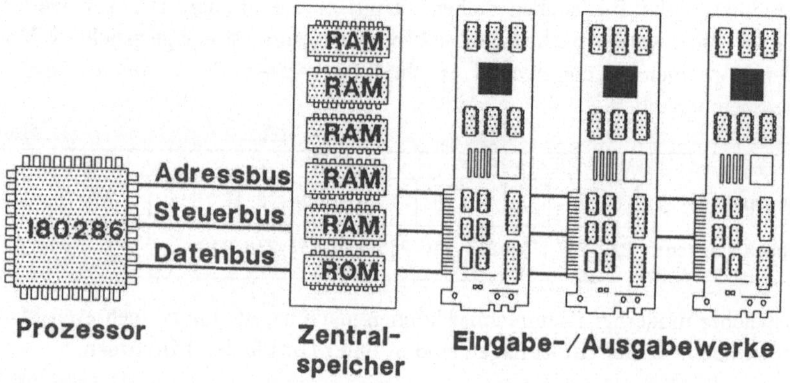

Abb. 4: Die Busse der Zentraleinheit verbinden die Funktionseinheiten

Über den **Adressbus** wählt der Prozessor aus, von oder zu welcher Speicherstelle oder Einheit des Systems eine Datenübertragung erfolgen soll. Mit dem **Steuerbus** teilt der Prozessor der Einheit mit, ob er in sie schreiben oder aus ihr lesen möchte. Auf dem Wege über den **Datenbus** fließen dann die Daten vom Prozessor zur entsprechenden Einheit (Schreiben) oder von dieser zum Prozessor (Lesen).

Beispiel:

> Der Prozessor liest einen Befehl aus dem RAM:
>
> 1. Der Prozessor schaltet den Steuerbus auf "Lesen".
> 2. Der Prozessor schickt die RAM-Adresse, auf welcher der nächste Befehl liegt, über den Adressbus an den RAM ab.
> 3. Der RAM überträgt diesen Befehl über den Datenbus an den Prozessor.

Busse sind elektrische Leitungen für die Übertragung von Daten, Adressen und Steuerinformationen zwischen Einheiten. Die Funktionseinheiten der Zentraleinheit tauschen Informationen nur über Busse aus.

1.2.2 Periphere Einheiten

Um zu kommunizieren und um Daten langfristig zu speichern, braucht die Zentraleinheit **Eingabe-**, **Ausgabe-** und **Speichergeräte**. Aus diesen Geräten besteht die Umgebung einer Zentraleinheit, die "**Peripherie**". Die Peripherie ist mit der Zentraleinheit durch Datenleitungen "**online**" geschaltet, das bedeutet "während der Verarbeitung dauernd verbunden".

Die Peripherie einer EDVA ist hinsichtlich Art und Anzahl der Geräte variabel und wird immer den Erfordernissen ihres Betreibers angepaßt. Zusammen mit der Zentraleinheit bildet die Peripherie eine Konfiguration, eine spezifische Hardwarezusammenstellung.

1.2.2.1 Eingabegeräte

Daten können erst dann zur Verarbeitung kommen, wenn sie im Arbeitsspeicher stehen. Dorthin gelangen sie durch Geräte, die in der Lage sind, Daten anzunehmen oder einzulesen. Eingabegeräte halten Daten nicht selbst fest, sondern geben diese sofort an die Zentraleinheit weiter.

Neben der zur Dateneingabe am häufigsten gebrauchten **Tastatur** sind heute Eingabegeräte für die unterschiedlichsten Einsatzgebiete in Gebrauch. Es setzen sich immer mehr die **Maus** oder der **Trackball**, sogenannte Zeigegeräte, durch. Mit ihnen bewegt man ein Symbol, z.B. einen Pfeil, auf beliebige Punkte des Bildschirms, um dort bestimmte Aktionen auszulösen. Während man früher Daten fast ausschließlich mit **Lochkartenlesern** eingeben mußte, hat man nun **Belegleser**, die Markierungen, Maschinenschrift und Handschrift erkennen (z.B. Lottoschein, Euroscheck). **Scanner** übertragen Bilder und Grafiken an die Zentraleinheit. **Strichcodeleser** sind im Handel an den Kassen zu finden, **Magnetstreifenleser** an den Nachtschaltern der Banken (Scheckkarte). Neuerdings macht die Entwicklung von **Spracheingabegeräten** große Fortschritte.

1.2.2.2 Ausgabegeräte

Um Daten nach ihrer Verarbeitung wahrnehmbar zu machen, benutzt man **Ausgabegeräte**. Datenausgabe kann auf einem Bildschirm, auf Papier oder durch einen Lautsprecher erfolgen. Als gebräuchlichste Ausgabegeräte kennt man **Bildschirm** und

Drucker. **Plotter** zeichnen Grafiken, **Mikrofilmausgabegeräte** lagern Daten auf Mikrofilm aus.

1.2.2.3 Dialoggeräte

Dialoggeräte bestehen aus Tastatur und Bildschirm (**Datensichtgerät**, Bildschirmterminal) oder selten aus Tastatur und Druckwerk (**Blattschreiberterminal**).

Sie sind Einheiten, die dem Benutzer die Möglichkeit bieten, einen Dialog mit der Zentraleinheit einer EDVA zu führen. Einfache Dialoggeräte besitzen weder Prozessor noch Arbeitsspeicher wie ein Mikrocomputer, obwohl sie diesem oft sehr ähnlich sehen. Ihre Funktion ist es, Daten ein- und auszugeben. In einer Einheit vereinigen sie Ein- und Ausgabegerät.

Bei mittleren und großen EDVA kommen Dialoggeräte zum Einsatz. In diesen Fällen steht die Zentraleinheit meist in einem Rechenzentrum. Die Dialogstationen stehen verstreut an verschiedenen Orten. Über Leitungen werden die Daten zum bzw. vom Rechenzentrum übertragen.

1.2.2.4 Speichergeräte

Programme und Ergebnisse der Datenverarbeitung müssen dauerhaft aufbewahrt werden, um sie bei Bedarf jederzeit wieder nutzbar machen zu können. Speichereinheiten bringen aus dem Arbeitsspeicher stammende Daten auf Datenträger (Schreiben, Ausgabe) und leiten sie bei Bedarf wieder an den Arbeitsspeicher zurück (Lesen, Eingabe).

Man nennt sie **externe** Speicher, im Gegensatz zum Arbeitsspeicher, dem **internen** Speicher. Während der Inhalt des Arbeitsspeichers nach dem Abschalten der Zentraleinheit verloren geht, bleiben Daten auf externen Datenträgern jahrelang in deren magnetisierbarer Beschichtung erhalten.

Die meistgebrauchten Speichereinheiten sind **Magnetplatten- und Diskettenlaufwerke** sowie **Magnetband- und Magnetbandkassetteneinheiten**. Neuerdings setzen sich auch optische Platten ähnlich den Compact Disks (CD) durch.

> Die Peripherie einer EDVA besteht aus Eingabe- und Ausgabegeräten, Dialog- und Speichergeräten, deren Art und Anzahl den Anforderungen des Betreibers entspricht.

1.3 Programme der EDV

Programme sind **Arbeitsanweisungen**, die in einer dem Computer verständlichen Sprache verfaßt wurden. Sie dienen der **Kommunikation** zwischen Mensch und Maschine. Die Gesamtheit der Programme, die man zum Betreiben einer EDVA braucht, wird als **Software** bezeichnet. Die Hardware einer EDVA und ihre Software faßt man unter dem Begriff **EDV-System (EDVS)** zusammen.

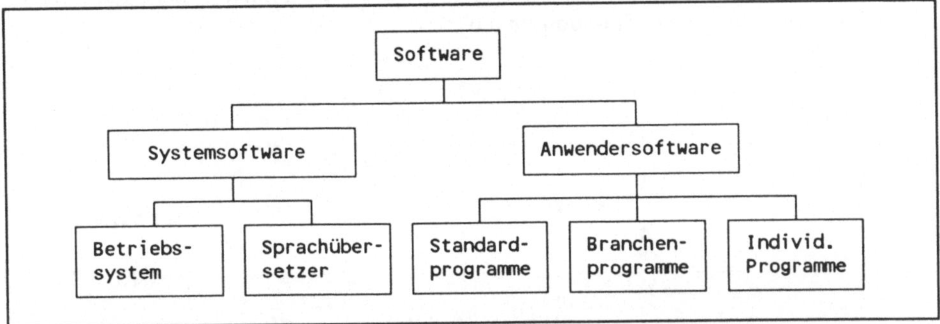

Computer können aufgrund ihrer technischen Eigenschaften ihre Arbeit nur in sehr kleinen einfachen Schritten ausführen. Menschen dagegen verlangen von Computern komplizierte Arbeitsvorgänge. Deshalb muß es zwischen Mensch und Maschine einen Kommunikationsmittler geben, der die komplexen Anforderungen in kleine Arbeitsschritte zerlegt, die der Computer erledigen kann. Diese Mittlerfunktion übernehmen Programme. Sie sind Sammlungen von Anweisungen für den Computer zur Bewältigung einer bestimmten Aufgabe.

Computer sind nicht intelligent im menschlichen Sinne. Man spricht zwar auch bei einem Computer von Intelligenz, meint damit aber die Vielfalt der Funktionen, die ein Computersystem ausüben kann. Wenn Computer komplizierte Aufgaben lösen, zeigen sie damit lediglich Reaktionen auf Programme und Daten. Die Intelligenz eines Computersystems hängt vorwiegend von seiner sinnvollen Programmierung ab.

1.3.1 Systemsoftware

Die **Systemsoftware** besteht aus **Betriebssystem** und **Sprachübersetzer**. Das Betriebssystem (operating system) ist eine Sammlung von grundlegenden Programmen, die den Computer in die Lage versetzen, einen Dialog mit dem Benutzer aufzunehmen. Nicht nur der Benutzer verkehrt mit der EDVA über das Betriebssystem. Alle Programme, die der Benutzer startet, laufen unter der Steuerung und Überwachung des Betriebssystems. Das Betriebssystem "betreibt" die gesamte EDVA. Die EDVA bildet erst mit einem Betriebssystem zusammen ein funktionsfähiges EDVS. Deshalb werden Betriebssysteme in der Regel vom Hersteller einer EDVA mitgeliefert.

Ein Betriebssystem übernimmt folgende Funktionen:

- Es stellt Möglichkeiten für die Behandlung von Datensammlungen (Dateien) zur Verfügung.
- Es weist Programmen und Daten automatisch Speicherplätze im Arbeitsspeicher zu und organisiert den Programmablauf.
- Es steuert die Ein- und Ausgabefunktionen.
- Nutzen mehrere Benutzer ein EDVS, so teilt es die Nutzung der Geräte einer EDVA zwischen ihnen ökonomisch auf.

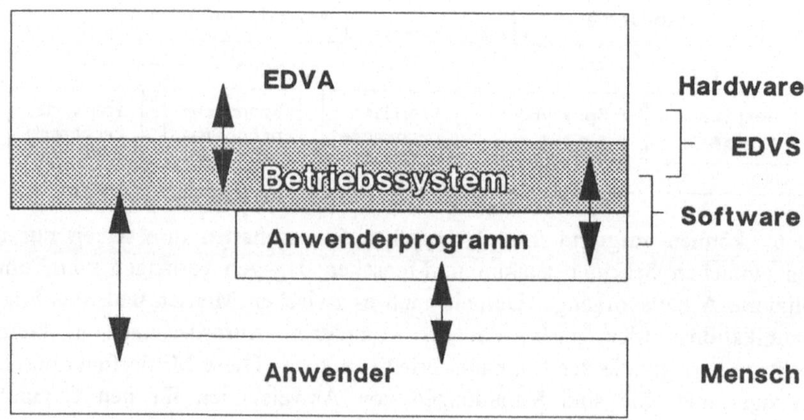

Abb. 5: Die Stellung des Betriebssystems im EDV-System

Sprachübersetzer tun, was ihr Name sagt: Sie übersetzen die in einer Programmiersprache geschriebenen Programme in die Maschinensprache des betreffenden Computers. Programmierer verfassen ihre Programme meist in Programmiersprachen, die komplexe Arbeitsvorgänge mit verhältnismäßig wenigen, kompakten Anweisungen beschreiben. Der Programmierer schreibt das **Quellprogramm**. Vor der Ausführung durch den Computer müssen diese Anweisungen in sehr kleine Arbeitsschritte zerlegt und in Befehle übersetzt werden, die der Computer beherrscht. Dies bewerkstelligt ein Sprachübersetzer. Das Ergebnis des Übersetzungsvorgangs ist das **Objektprogramm** in Maschinensprache (Objektcode).

Compiler sind Übersetzer, die ein Programm vor der Ausführung komplett übersetzen. **Interpreter** übersetzen eine Programmanweisung und führen diese aus, bevor die nächste Programmanweisung übersetzt und wiederum ausgeführt wird. Dieser Wechsel dauert an, bis das Programm endet. Compiler und Interpreter sind Übersetzungsprogramme für weitgehend maschinenunabhängige Programmiersprachen.

Um die dezimalen Ziffern 0 - 9 dual anzuschreiben, braucht man 4 binäre Stellen:

Dezimal	Dual
0	0000
1	0001
2	0010
3	0011
4	0100
5	0101
6	0110
7	0111
8	1000
9	1001

Beispiele für Rechenoperationen mit dualen Zahlen:

```
Addition ohne Stellenübertrag:      3      0011
                                   +4      0100
                                   --      ----
                                    7      0111

Addition mit Stellenübertrag:       4      0100
                                   +5      0101
                                   --      ----
                                    9      1001
```

Vier binäre Stellen reichen zur Darstellung von

$$2^4 = 16$$

Zeichen aus. Das Dualsystem drückt sich in der Basis aus, die Stellenzahl im Exponenten (Beispiel aus dem Dezimalsystem: $10^3 = 1000$). Die elektronische Datenverarbeitung nimmt 8 Bits, um alle notwendigen Zeichen zu speichern. Acht binäre Stellen lassen

$$2^8 = 256$$

Möglichkeiten, also 256 verschiedene Zeichen zu. Der Zeichenvorrat umfaßt Ziffern, kleine und große Buchstaben, Sonderzeichen und Steuerzeichen für externe Einheiten. Eine Gruppe von 8 binären Stellen heißt **Byte**. Ein Byte ist in der Lage, ein Zeichen zu speichern. Das Byte ist die kleinste adressierbare Einheit im Zentralspeicher, d.h., Programme lesen und schreiben immer ganze Bytes, niemals einzelne Bits.
Die Aufnahmefähigkeit (Kapazität) von Speichern und Datenträgern mißt man in Byte.

1 Byte	=	8 Bit (≙ 1 Zeichen)
1 KB	=	1 Kilobyte (≙ 1024 Zeichen, ca. 1 Tausend Zeichen)
1 MB	=	1 Megabyte (≙ 1024^2 Zeichen, ca. 1 Million Zeichen)
1 GB	=	1 Gigabyte (≙ 1024^3 Zeichen, ca. 1 Milliarde Zeichen)

1.4.2 Gebräuchliche Codes

Die am weitesten verbreiteten 8-Bit-Codes sind die folgenden:

ASCII (American Standard Code for Information Interchange)
EBCDIC (Extended Binary Coded Decimal Interchange Code)

Personalcomputer arbeiten mit dem ASCII. Er wird ebenfalls für die Datenübertragung eingesetzt. Einen besonderen Standard hat die Firma IBM mit ihrem ASCII-Zeichensatz für Personalcomputer gesetzt. Er ist heute auf den meisten Personalcomputern zu finden (vgl. Anhang). Der EDCDIC wurde ursprünglich von IBM entwickelt und ist vorwiegend im Großrechnerbereich verbreitet. Die unterschiedlichen Codes führen dazu, daß bei der Verarbeitung von Großrechnerdaten durch Personalcomputer und umgekehrt Codeumsetzungen notwendig werden.

Jedes Zeichen wird durch 8 binäre Speicherelemente (Bit) gespeichert. Eine Gruppe von 8 Bit heißt Byte. Der bei Personalcomputern am weitesten verbreitete Zeichensatz ist der von IBM entwickelte ASCII-Zeichensatz.

Assembler heißen maschinennahe, speziell auf einen bestimmten Prozessortyp zugeschnittene Programmiersprachen. Assembler nennt man auch die entsprechend dazugehörenden Übersetzungsprogramme.

Unter Betriebssystem versteht man alle Programme, die den Betrieb einer EDVA ermöglichen, ohne auf einen bestimmten Anwendungsfall gerichtet zu sein.

1.3.2 Anwendersoftware

Programme für die Lösung von **benutzerspezifischen** Problemstellungen heißen Anwenderprogramme. Während das Betriebssystem unabhängig von den Aufgaben ist, für die der Computer eingesetzt wird, braucht man für unterschiedliche Aufgabenstellungen die dafür erstellten Programme. Anwenderprogramme brauchen das Betriebssystem, weil das Betriebssystem den Ablauf aller Programme organisiert.

1.3.2.1 Standardsoftware

Die Bezeichnung **Standardsoftware** steht für Programme, die Bedürfnisse eines großen Anwenderkreises befriedigen. Infolge ihrer Beliebtheit und des daraus resultierenden hohen Absatzes bleibt der Preis für Standardprogramme niedrig im Verhältnis zu ihrem ursprünglichen Herstellungsaufwand.

Typische Standardanwendungen sind **Textverarbeitung, Tabellenkalkulation, Grafik** und **Datenbankverwaltung**. Programme für diese Anwendungen lassen sich in fast jedem Betrieb einsetzen.

Standardsoftware nennt man Programme, die für viele Fälle täglicher Büroarbeit einsetzbar und weit verbreitet sind.

1.3.2.2 Branchensoftware

Software, die vorwiegend von Unternehmen eines bestimmten Wirtschaftszweiges oder von einer fest umrissenen Personengruppe genutzt wird, heißt Branchensoftware. Beispiele dafür sind Programme für die Verwaltung von Arztpraxen, für Steuerberater, für bestimmte Handwerkssparten usw.

Branchensoftware heißen Programmsysteme, die speziell für bestimmte Wirtschaftszweige, Selbständige oder Handwerksbetriebe entwickelt wurden.

1.3.2.3 Individuelle Software

Der Begriff **individuelle Software** umfaßt Programme für die Bearbeitung besonderer Problemstellungen. Individuelle Software wird oft in Auftragsarbeit für einen ganz speziellen Einsatzzweck hergestellt.

Beispiele für individuelle Software sind Programme für die Steuerung eines Atomreaktors, den Autopilot eines Flugzeugs, die Hochrechnung von Wahlergebnissen, für die Steuerung einer Fertigungsstraße für PKWs einer bestimmten Marke usw.

> Individuelle Software sind für spezielle Aufgaben der Anwender entwickelte Programme.

1.4 Zeichendarstellung

Aus dem täglichen Leben kennen wir einige Signalsysteme, die Informationen mit Hilfe von zwei Zuständen wiedergeben. Es sind meist Lampen, Parkhausampeln und Zugsignale (grün, rot), oder die Ölkontrolle im Auto (genügend/zuwenig Öl). Auch das Morsealphabet kommt mit zwei Signalen (kurzes und langes Signal) aus. Doch um mehr als das ganze Alphabet und die Ziffern darzustellen, benutzt es dazu bis zu sechs Signale nacheinander (A = .-; 9 = ----.; Punkt = .-.-.-).

Zur Speicherung von Informationen im Arbeitsspeicher verwendet man heute Transistoren, die sich auch nur in zwei verschiedenen Zuständen befinden können, <u>ein</u>geschaltet oder <u>aus</u>geschaltet. Solche Speicherelemente können zwei verschiedene Informationen speichern: **ein** und **aus** oder, in Ziffern ausgedrückt, **1** und **0**.

1.4.1 Bit und Byte

Ein Speicherelement des Zentralspeichers vermag die Werte 0 oder 1 zu speichern. Von allen Dingen, die die Werte 0 oder 1 annehmen können, sagt man, sie seien **binär**, d.h. zweiwertig. Eine binäre Speicherstelle (<u>bi</u>nary digi<u>t</u>) heißt **Bit**.

Das Beispiel des Morsealphabets zeigt: Um beliebig viele Zeichen zu verschlüsseln (codieren), braucht man nur genügend binäre Signale bzw. Speicherelemente. In der EDV wendet man das **duale** Zahlensystem an, um Zeichen mittels binärer Speicher darzustellen. Damit kann man nicht nur alle Zeichen mit Hilfe zweier Zustände verschlüsseln, man kann damit auch Rechenoperationen durchführen.

2 PC-Betriebssystem MS-DOS

Betriebssystem nennt man eine Sammlung von grundlegenden Programmen, die den Betrieb eines Computers ermöglichen. Es regelt das Zusammenspiel der einzelnen Komponenten der Zentraleinheit und der angeschlossenen Peripherie. Der Betrieb eines Computers ohne Betriebssystem ist bei der Komplexität moderner EDV-Anlagen (EDVA) nicht mehr denkbar. Das Betriebssystem ist Mittler zwischen der Hardware eines Computers und dem Benutzer bzw. seinem Anwendungsprogramm. Um einen PC mit vertretbarem Aufwand zu betreiben, ist das zum eingebauten Prozessor passende Betriebssystem für den Benutzer unbedingt erforderlich.

DOS ist die Abkürzung für "Disk Operation System". Das besagt, es handelt sich um ein Betriebssystem, das für den Betrieb mit Plattenlaufwerken als externe Speicher geeignet ist. IBM vertreibt für seine PC's das Betriebssystem **PC-DOS** (**P**ersonal-**C**omputer-**DOS**). Andere Firmen, die IBM-kompatible (kompatibel = vergleichbar, verträglich) PC's anbieten, liefern **MS-DOS** (Microsoft DOS) oder DR-DOS (Digital Research DOS).

2.1 Komponenten von MS-DOS

Ein Betriebssystem besteht im allgemeinen aus zwei Gruppen von Programmen: den **Steuerprogrammen** und den **Dienstprogrammen**. Während der Benutzer Steuerprogramme nicht direkt aufrufen kann - sie verrichten in aller Stille und fast unbemerkt ihre Arbeit -, sind die Dienstprogramme für ihn zugänglich.

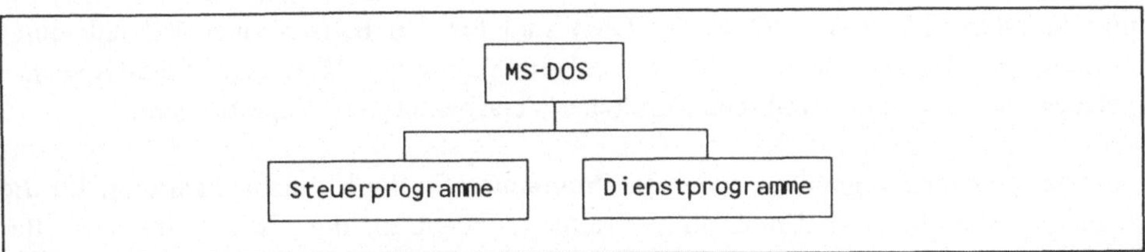

Abb. 6: Komponenten des Betriebssystems MS-DOS

2.1.1 Steuerprogramme

Die Steuerprogramme regeln und überwachen die Funktionen der Komponenten des Computers. Sie steuern den Datenfluß zwischen den einzelnen Teilen der PC-Anlage und den Teilen der Systemeinheit.

Die Dateien, die Steuerprogramme enthalten, befinden sich auf jeder ladbaren (boot-fähigen) Systemdiskette unter den Namen **IO.SYS** (im PC-DOS = IBMBIO.COM) und **MSDOS.SYS** (im PC-DOS = IBMDOS.COM). Die Datei IO.SYS (IO = Input/Output) erledigt zusammen mit den im ROM befindlichen Programmen die Kommunikation zwischen der Zentraleinheit und den angeschlossenen Geräten. Die

Datei MSDOS.SYS nennt man den Systemkern. Der Systemkern enthält Funktionen, die von Anwender- und Dienstprogrammen verwendet werden.

Weitere Steuerprogramme liegen auf dem ROM, dem Festspeicher (nicht Festplatte!). Dort stehen z.B. die Programme, die nach dem Einschalten des PC eine Überprüfung des Arbeitsspeichers und der Peripherie durchführen und schließlich den ersten Datensatz von der Systemdiskette/-platte (sog. Urlader) in den Arbeitsspeicher lesen.

2.1.2 Dienstprogramme

Die Dienstprogramme des Betriebssystems erledigen für den Benutzer ganz allgemeine Aufgaben, wie sie durch den Betrieb einer EDVA unabhängig von spezifischen Anwendungen regelmäßig anfallen. Solche Aufgaben können beispielsweise bestehen im Prüfen von Datenbeständen auf einer Diskette/Platte, Kopieren, Sichern, Löschen, Ordnen, Anzeigen, Ändern, Drucken von Datenbeständen.

Ein Teil der DOS-Dienstprogramme ist - wie die Steuerprogramme - im Zentralspeicher immer resident (ständig geladen, gegenwärtig). Diese Dienstprogramme werden durch die Datei COMMAND.COM ausgeführt, die vom Programmstart an resident im Zentralspeicher geladen bleibt. Alle Dienstprogramme, welche die Datei COMMAND.COM ausführen kann, nennt man **interne** oder residente Befehle. Weitere Dienstprogramme erscheinen gesondert im Inhaltsverzeichnis der DOS-Diskette mit ihren Namen. Das sind die sog. **externen** oder transienten Befehle.

Die drei Betriebssystemdateien **COMMAND.COM, IO.SYS** (bzw. IBMBIO.COM) und **MSDOS.SYS** (bzw. IBMDOS.COM) sind für den Betrieb eines PC unbedingt notwendige Programmdateien. Sie werden beim Starten des PC in den Arbeitsspeicher geladen und bleiben dort während sämtlicher Verarbeitungsvorgänge resident.

Alle Anwendungsprogramme, wie z.B. Programme für die Finanzbuchhaltung, für die Statistik oder für die Datenbankverwaltung, benutzen die Programme des Betriebssystems. Daraus erklärt sich, daß Anwendungsprogramme immer zum Betriebssystem passen müssen. Man muß sich also beim Kauf von Programmen immer auch für ein Betriebssystem entscheiden.

2.2 Dateien in MS-DOS

Eine **Datei** ist eine Sammlung von **sachlich zusammengehörenden Informationen**. So ist z.B. die Personaldatei eine Sammlung betriebsnotwendiger Informationen über das Personal, die Artikeldatei enthält wichtige Informationen über alle Artikel des Sortiments. Aber auch Informationen, die der Computer zur Steuerung seiner Verarbeitungsvorgänge braucht, werden in Dateien zusammengefaßt, diese Dateien nennt man auch Programmdateien oder Programme.

Man unterteilt Dateien **nach der Art der Informationen**, die sie enthalten. Informationen über Personen, Sachen oder Sachverhalte (z.B. Personaldaten, Artikeldaten, Texte) sind **Nutzdaten**. Dateien mit solchen Daten nennt man **Nutzdateien**. Dateien, die **Steueranweisungen** für die Arbeit des Computers beinhalten, heißen **Programmdateien**.

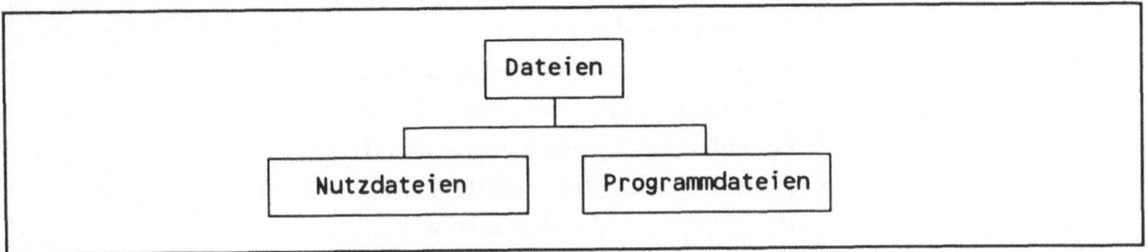

Abb. 7: Arten der Dateien

Man sieht es einer Datei an ihrer Benennung an, ob es sich um eine Nutzdatei oder eine Programmdatei handelt. Dateien müssen Benennungen erhalten, damit der Computer sie auf der Platte/Diskette wiederfinden kann. Auf jeder Platte befindet sich ein **Hauptverzeichnis** (root-directory) der Dateien, aus welchem ersichtlich ist, welche Dateien auf der Platte stehen. Es gibt bestimmte Regeln, nach denen Dateibenennungen gebildet werden dürfen. Jeder Benutzer von DOS muß diese Regeln strikt befolgen.

Eine **Dateibenennung** besteht aus dem **Dateinamen** und meistens - das ist nicht zwingend - einer **Erweiterung**. Beispiel:

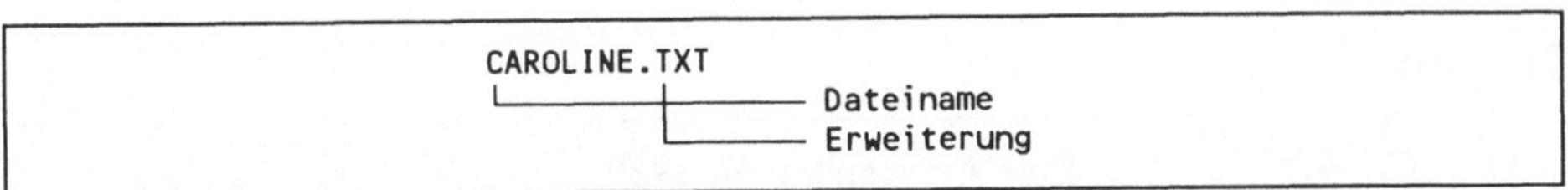

Abb. 8: Beispiel einer Dateibenennung

Der Dateiname lautet CAROLINE, die Erweiterung TXT. Ein Punkt trennt Name und Erweiterung. Der **Dateiname** darf zwischen 1 und 8 Zeichen lang sein. Er kann frei erfunden sein und darf sogar Ziffern und die Sonderzeichen $ # @ ! & % ( ) ' - _ { } enthalten. Die **Erweiterung** darf 1 bis 3 Zeichen lang sein. Auch für die Erweiterung dürfen Ziffern und Sonderzeichen, wie für den Namen, verwendet werden. Aber im Gegensatz zu den Namen, die jeder nach Geschmack beliebig bilden kann, gibt es **reservierte Erweiterungen**, welche für ganz bestimmte Dateien vorgeschrieben sind. Andere Erweiterungen werden immer von gewissen Programmsystemen erzeugt. Diese Erweiterungen sollten Sie für Ihre Nutzdateien vermeiden.

Beispiele:

Erweiterung	Bedeutung
.BAS	BASIC - Quellprogrammdatei
.BAT	Stapeldatei (von batch=Stapel), Befehlsdatei des DOS
.COM	Programm in Maschinensprache, Befehlsdatei (von compute=rechnen)
.DBF	Datenbankdatei des Programms dBASE (von data base file = Datenbankdatei)
.EXE	Programm in Maschinensprache, Befehlsdatei (von execute=ausführen)
.PIC	Grafikdatei des Tabellenkalkulationsprogramms LOTUS 1-2-3 (von picture=Bild)
.SYS	Betriebssystemdatei (von system)
.TXT	Textdatei des Programms WORD (von Text)
.WK1	Datei des Tabellenkalkulationsprogramms LOTUS 1-2-3 (von worksheet=Arbeitsblatt)

Abb. 9: Beispiele für reservierte Erweiterungen

Beim Umgang mit Dateien werden Sie bald feststellen, wie nützlich es ist, Namen so zu wählen, daß auf ihren Inhalt geschlossen werden kann.

Beispiele:

ABRECH89.WK1	Eine Abrechnung für 1989
KUNDEN.DBF	Kundendatei
EST3D_91.TXT	Anlage EST3D zur Einkommensteuererklärung 1991

2.3 Tastatur

Für Personalcomputer gibt es verschiedene ans deutsche Alphabet und die DIN-Norm angepaßte Tastaturen. Bei einigen sind die Funktionstasten deutsch, bei anderen englisch beschriftet. Trotzdem dienen die Tasten bei den verschiedenen Fabrikaten weitgehend den gleichen Funktionen. Solange sich der Personalcomputer unter der Steuerung des Betriebssystems befindet, sieht man einen waagerechten Strich, den **Cursor** (Schreibmarke), auf dem Bildschirm blinken. Er zeigt die Stelle an, wo der PC das nächste Zeichen an den Bildschirm schreiben wird. Hier werden nur die Tastenfunktionen beschrieben, die Sie für die Benutzung von DOS unbedingt brauchen und soweit sie nicht schon von der DIN-Schreibmaschinentastatur her bekannt sind.

2.3.1 Steuertasten

Die Steuertasten dienen ganz unterschiedlichen Funktionen. Sie werden teils alleine, teils in Kombination mit anderen Tasten verwendet.

Eingabetaste (Return, Enter):

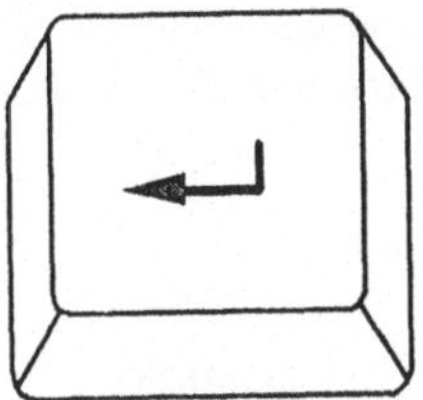

Ein Druck auf die Eingabetaste schließt jede Eingabe ab. Die eingegebene Zeile wird erst dadurch an das System gesendet.

Eingabe abbrechen (Esc, Eing.Lösch):

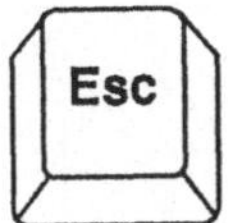

Die Taste **Esc** (Escape = Flucht) - sie trägt auf der älteren AT-Tastatur die Bezeichnung **Eing.Lösch** - bricht die Eingabe ab und setzt den Cursor in die nächste Zeile.

Programmstop:

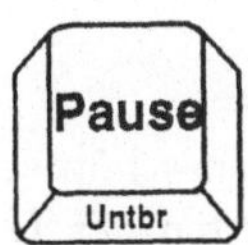

Der Programmablauf wird durch die Taste **Pause** nur gestoppt. Nach Betätigen einer beliebigen Taste setzt das Programm seine Arbeit fort.

Die folgenden Tastenkombinationen benutzen die Tasten **Strg** (Ctrl) (**Control = Steuerung**), **Alt** (Alternativ) und die **Umschalttaste** (Shift) in Verbindung mit anderen Tasten. Halten Sie dabei immer zuerst die in den Abbildungen linke Taste gedrückt, bevor Sie die zweite Taste tippen.

Programmabbruch:

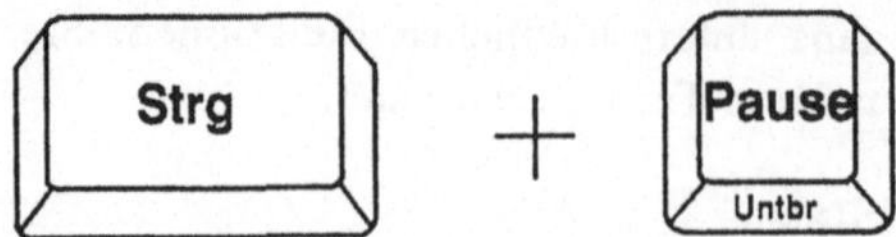

Statt der Taste **Untbr** (Pause) können Sie auch die Taste **C** (engl. cancel) verwenden. Das laufende Programm wird abgebrochen. Der Systemprompt erscheint wieder.

Hardcopy:

Die Taste **Druck** bewirkt den Abdruck des momentanen Bildschirminhalts auf dem Drucker. Das Ergebnis nennt man **Hardcopy**.

Protokoll:

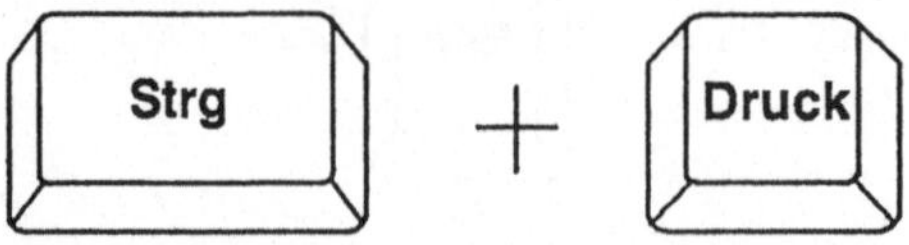

In Kombination mit der Strg-Taste setzt die Drucktaste die sog. **Protokolleinrichtung** in Gang. Der Drucker protokolliert anschließend alle Bildschirmausgaben solange mit, bis diese beiden Tasten ein zweites Mal gedrückt werden.

Sonderzeichen:

Um den **vollen Zeichensatz** des PC ausschöpfen zu können, benutzen Sie die **Alt**-Taste in Kombination mit den Zifferntasten des **Dezimaltastenblocks**. Auf diese Weise können Sie auch mathematische Zeichen, Grafikzeichen usw. einsetzen.

Halten Sie die Alt-Taste gedrückt. Danach tippen Sie nacheinander die einzelnen Ziffern des Dezimalwertes für das entsprechende Zeichen im PC-ASCII-Zeichensatz (vgl. Tabelle im Anhang). Nehmen Sie an, Sie brauchen das Zeichen ½ (einhalb), Dezimalwert **171**:

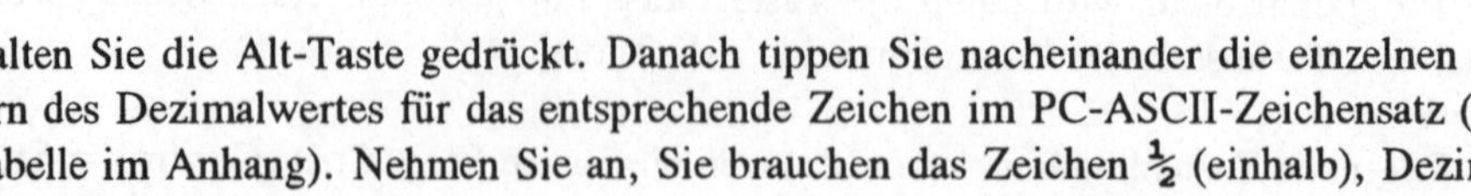

Alt + 1 Ende — 7 Pos1 — 1 Ende

2.3.2 Korrekturtasten

Mit zwei Korrekturtasten lassen sich nach Eingabefehlern einzelne Zeichen löschen und korrigieren.

Rücksetzen und Zeichen löschen:

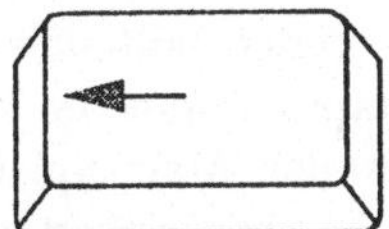

Der Cursor rückt um eine Stelle nach links. Das Zeichen links vom Cursor wird dabei gelöscht.

Zeichen löschen (Entf, Del, Lösch):

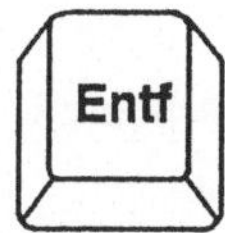

Die Taste **Entf** wird - abhängig von der Tastatur - auch mit **Lösch** oder **Del** bezeichnet. Jeder Tastenanschlag löscht das Zeichen, auf dem der Cursor steht. Die Entf-Taste können Sie in Verbindung mit dem Befehl DOSKEY im Editor EDIT und in den meisten Anwendungsprogrammen benutzen.

Zeichen einfügen (Einfg, Ins):

Die Taste **Einfg** oder **Ins** gestattet es, Zeichen in bereits eingegebene Zeichenketten einzufügen. Diese Taste kann auch in Verbindung mit DOSKEY, EDIT und Anwendungsprogrammen verwendet werden.

2.4 Systemstart

Um einen PC zu starten (engl. to boot), brauchen Sie eine **ladefähige Systemdiskette/-Platte** (Bootdisk). Das ist eine Diskette/Platte, auf der sich mindestens die drei im Abschnitt 2.1 beschriebenen Betriebssystemdateien befinden.

2.4.1 Kaltstart

Der Kaltstart beginnt mit dem Einschalten des PC. Zunächst prüfen Programme des ROM einige Systemkomponenten wie Zentralspeicher, Tastatur und Laufwerke auf Funktionstüchtigkeit. Das ist der **Selbsttest**, er findet noch vor dem Laden des Betriebssystems statt.

Ist der PC für den Start richtig vorbereitet, holt sich ein "Startprogramm" die für den laufenden Betrieb notwendigen Steuerprogramme und einige Dienstprogramme von der Systemdiskette (Laufwerk A:) oder der Magnetplatte (Laufwerk C:) in den Zentralspeicher. Beim PC mit Festplatte ist für den Start keine Diskette notwendig.

Nach erfolgreichem Ladevorgang erscheint das "Bereitzeichen" oder englisch der **Prompt** am Bildschirm. Hinter dem Prompt blinkt die Schreibmarke (cursor). Beim Start mit einer Diskette in Laufwerk A lautet der Prompt:

```
A>
```

Wurde mit der Festplatte C: gestartet, erscheint:

```
C>
```

Damit zeigt der PC an, daß er nun betriebsbereit ist. Der Prompt kann z.B. auch so aussehen: A:\> oder C:\>. Die Darstellung hängt von der Betriebssysteminstallation ab. Es kann auch sein, daß sofort nach dem Start eine grafische Benutzeroberfläche den Bildschirm überzieht. Auch dies ist eine Frage der Betriebssysteminstallation. Die zum Betriebssystem der DOS-Version 5.0 gehörende grafische Benutzeroberfläche DOS-Shell wird später in diesem Buch behandelt.

2.4.2 Warmstart

Wurde der PC einmal eingeschaltet, dann läßt sich ein neuerlicher Systemstart durch gleichzeitiges Drücken der 3 Tasten

Strg-Alt-Entf (auf älteren Systemen: Strg-Alt-Lösch oder Ctrl-Alt-Del)

durchführen. Das Betriebssystem wird dann neu geladen. Gegenüber dem Kaltstart ergibt sich beim Warmstart ein Zeitvorteil, weil hier der Selbsttest entfällt. Warmstarts werden notwendig, wenn der PC infolge von Programmfehlern "abstürzt", d.h. nicht mehr weiterarbeitet.

2.4.3 Systemprompt

Die Plattenlaufwerke (Diskette und Festplatte) sind die externen Datenspeicher des PC. Sie werden mit Buchstaben gekennzeichnet. Die eingebauten Diskettenlaufwerke haben die Bezeichnungen **A** und **B**, die erste Festplatte die Bezeichnung **C**.

Das Bereit-Zeichen **C>** oder **C:\>** nach dem Start weist darauf hin, daß das Betriebssystem auf das Laufwerk **C** eingestellt ist. Man bezeichnet das eingestellte Laufwerk als **aktuelles Laufwerk**. Das Betriebssystem sucht zu verarbeitende Dateien immer zuerst im aktuellen Laufwerk.

Die ursprüngliche Voreinstellung können Sie durch Eingabe der Laufwerkbezeichnung gefolgt von einem Doppelpunkt, z.B. a: oder A:, ändern. Sie müssen die Eingabe mit der **Return-Taste** (Enter-Taste, Eingabetaste) abschließen.

Beispiel:

`C:\>A: <Return-Taste>` (hinter dem Prompt wurde A: eingegeben)
`A:\>` (der PC antwortet mit der neuen Einstellung)

Jetzt sucht das Betriebssystem alle Dateien zuerst im Laufwerk A. Beim Festplatten-PC lautet die Voreinstellung nach dem Start **C:\>**. Der Festplatten-PC sucht folglich Dateien normalerweise auf der Festplatte.

2.5 Systeminstallation (SETUP)

Bevor die Hardware Ihres PC betriebsbereit ist, sind allerlei Prozeduren notwendig. In einem sog. Hardware-Setup müssen dem System die verschiedenen Einheiten bekannt gemacht werden, mit denen es arbeiten soll: Disketten-/Plattenlaufwerktypen, Basis- und Erweiterungsspeicher, Bildschirmtyp und Tastatur. Dann erfolgt das Vorformatieren der Festplatte(n). Schließlich werden auf der/den Festplatte(n) sog. Partitions eingerichtet (Befehl FDISK). Als Folge der Aufteilung einer Platte in Partitions können auf einer physikalischen Platte mehrere logische Laufwerke entstehen. Beispielsweise kann eine Festplatte in die Laufwerke C: und D: unterteilt werden. Es ist sogar möglich, auf den verschiedenen logischen Laufwerken unterschiedliche Betriebssysteme - z.B. DOS und OS/2 - unterzubringen.

Schließlich wird ein Betriebssystem (Betriebssystem-Setup) installiert. In der Regel erledigt Ihr Händler diese Arbeiten, bevor er den PC ausliefert. Doch das Ändern von Installationsparametern ist oft Sache des Anwenders. Nicht nur beim Neukauf eines PC, sondern auch beim Wechsel des Betriebssystems von einer Version zur anderen wird eine neue Installation fällig.

2.5.1 Installation des Betriebssystems

Die Autoren gehen davon aus, daß Sie eine auf Ihrem Festplatten-PC befindliche ältere DOS-Version durch MS-DOS 5.0 ersetzen wollen. Das schließt auch den Fall ein, daß Sie ein MS-DOS 5.00-UPDATE erworben haben.

Wenn Sie DOS 5.0 installieren, nehmen Sie sich bitte Zeit. Sie sollten in aller Ruhe ca. 1-2 Stunden arbeiten können. Falls Sie jedoch an Ihrem Betriebssystem nichts ändern wollen, können Sie die folgenden Ausführungen übergehen.

Original-Disketten sichern

Vorsichtshalber sollten Sie von Ihren neuen MS-DOS-Systemdisketten Sicherungskopien herstellen. Mit diesen Kopien beginnen Sie dann die Installation. Halten Sie die entsprechende Zahl Lehrdisketten bereit und beschriften Sie diese wie die Originale. Starten Sie Ihren PC. Benutzen Sie zum Kopieren den Befehl DISKCOPY (<Enter> bedeutet: Betätigen der Enter-Taste):

DISKCOPY A: A: bzw. **DISKCOPY B: B:** <Enter>,

falls Sie nur ein Laufwerk oder zwei voneinander verschiedene Laufwerke (3,5" und 5,25") besitzen. Hat Ihr PC zwei identische Diskettenlaufwerke, dann kopieren Sie schneller mit

DISKCOPY A: B: <Enter>

SETUP starten

SETUP [/B] [/F] [/M] [/U]
(Der Befehl ist nur auf der Installationdiskette 1 vorhanden)

Der für die Installation vorgesehene Befehl SETUP ist menügeführt. Er verlangt vom Benutzer anhand von Menüpunkten seine Betriebssystem-Konfiguration auszuwählen. Lesen und beachten Sie die Anweisungen und Auswahlpunkte des Programms am Bildschirm sorgfältig, dann wird die Installation wenig Probleme bereiten.

Hinweis:
Falls SETUP die Dateien CONFIG.SYS und AUTOEXEC.BAT einer früheren DOS-Version findet, werden diese aktualisiert. Andernfalls legt SETUP sie ohne spezifische Anpassungen neu an, wie z.B. die Anpassung an die deutsche Tastaturbelegung.

Der SETUP-Befehl kennt folgende Parameter, d.h. Befehlszusätze, die Sie dem Befehl anfügen können:

/B Anzeige während der Installation schwarz/weiß
/F Installation auf eine Diskette (normale Vorgabe ist Platte)
/M DOS wird ohne allen Komfort installiert
/U Auch wenn die Platte eine nicht identifizierte Partition aufweist, wird installiert.

Sie können die Installation im Laufwerk A: oder im Laufwerk B: starten, nachdem Sie dort die MS-DOS-Systemdiskette Nr. 1 eingelegt haben. Das Beispiel

C:\> **A:** <Enter>
A:\> **SETUP /B** <Enter>

startet die normale Installation auf der Festplatte mit Schwarz/weiß-Anzeige. Der Bildschirm Abb. 10 erscheint nur kurz. SETUP prüft derweil Ihre Konfiguration.

```
Microsoft(R) MS-DOS(R) Version 5.00

              Bitte warten.
  Setup ermittelt Ihre Systemkonfiguration.
```

Abb. 10: Der erste Bildschirm von SETUP

Dann erfolgt der Hinweis auf den Beginn des SETUP-Programms:

```
Microsoft(R) MS-DOS(R) Version 5.00

   Willkommen im Setup-Programm

   Setup ersetzt Ihre ursprünglichen DOS-Dateien durch MS-DOS Version 5.0.
   Während der Installation brauchen Sie eine oder mehrere Diskette(n).
   Setup wird die Diskette(n) zum Speichern Ihrer ursprünglichen DOS-Dateien
   verwenden. Beschriften Sie die Diskette(n) wie folgt:

      UNINSTALL 1
      UNINSTALL 2 (falls benötigt)

   Die Disketten, die formatiert oder unformatiert sein können,
   müssen mit Laufwerk A: verwendet werden.

   Setup kopiert einige Dateien auf die Uninstall-Diskette(n) und andere
   in ein mit OLD_DOS.x bezeichnetes Verzeichnis auf Ihrer Festplatte.
   Unter Verwendung dieser Dateien können Sie - falls erforderlich - Ihr
   ursprüngliches DOS auf der Festplatte wiederherstellen.

EINGABETASTE=Weiter  F1=Hilfe  F3=Ende
```

Abb. 11: SETUP informiert

UNINSTALL-Disketten brauchen DOS, wenn Sie später aus irgendwelchen Gründen auf Ihre bisherige DOS-Version zurückgehen wollen (vgl. unten: Deinstallation, Dienstprogramm: UNINSTAL.EXE auf der selben Diskette wie SETUP.EXE und nach der Installation auf der UNINSTALL-Diskette). SETUP legt für den Fall einer Deinstallation auf Ihrer Festplatte auch ein Verzeichnis namens OLD_DOS.1 an.

```
Microsoft(R) MS-DOS(R) Version 5.00

          Falls Sie ein Netzwerk verwenden, werden Sie wahrscheinlich
          ein paar zusätzliche Schritte ausführen müssen,
          bevor Sie MS-DOS Version 5.0 installieren können.

               Falls Sie ein Netzwerk verwenden, drücken Sie J.
               Falls Sie kein Netzwerk verwenden, drücken Sie N.

F3=Ende
```

Abb. 12: Arbeiten Sie in einem Netzwerk?

Die Eingabeaufforderung in Abb. 13 werden Sie i.d.R. mit N beantworten. Andernfalls fordert Sie SETUP auf, vorbeugend die entsprechenden Installationshinweise im DOS-Handbuch zu lesen.

```
Microsoft(R) MS-DOS(R) Version 5.00

  Vor dem Einrichten von MS-DOS Version 5.0 kann Setup eine
  Sicherungskopie Ihrer Festplatte(n) erstellen.

  Verwenden Sie die Richtungstasten, um die gewünschte Option
  auszuwählen, und drücken Sie dann die EINGABETASTE.

    Festplatte(n) nicht sichern.
    Festplatte(n) sichern.

EINGABETASTE=Weiter  F1=Hilfe  F3=Ende
```

Abb. 13: Eine gute Gelegenheit, die Festplatte(n) zu sichern

Nun haben Sie Gelegenheit, Ihre Festplatte(n) zu sichern, bevor SETUP Dateien auf Ihrer Festplatte verändert (Abb. 14). Da es sich dabei nur um Systemdateien handelt, ist die Vorsichtsmaßnahme i.d.R. überflüssig. Wenn Sie jedoch sowieso gerade wieder Ihre Dateien sichern wollten, nehmen Sie die gute Gelegenheit wahr. Stellen Sie dann mit den Cursortasten die Markierung auf die zweite Zeile, tippen Sie <Enter> und folgen Sie den Anweisungen.

```
Microsoft(R) MS-DOS(R) Version 5.00

  Setup hat die folgenden Hardware- und Softwarekomponenten
  auf Ihrem System ermittelt.

   DOS-Version    :MS-DOS
   DOS-Pfad       :C:\DOS
   MS-DOS-Shell   :MS-DOS-Shell beim Neustart nicht ausführen.
   Anzeigetyp     :VGA

   Setup fortsetzen : Die angegebenen Daten sind korrekt.

  Wenn alle Einträge korrekt sind, drücken Sie die EINGABETASTE.
  Falls Sie einen Eintrag ändern möchten, verwenden Sie die Richtungs-
  tasten, um ihn zu markieren. Drücken Sie dann die EINGABETASTE, um
  die möglichen Alternativen für den Eintrag angezeigt zu bekommen.

EINGABETASTE=Weiter  F1=Hilfe  F3=Ende
```

Abb. 14: MS-DOS-Shell oder DOS-Prompt

Sie können jetzt noch verschiedene Einstellungen ändern. Im allgemeinen wird man die Vorgabe bis auf den Punkt MS-DOS-Shell belassen (Abb. 14). Wenn Sie diesen Punkt nicht ändern, haben Sie nach dem Systemstart nicht automatisch die grafische Benutzeroberfläche des DOS (DOS-Shell, vgl. Abschn. 2.6) zur Verfügung. Sie entscheiden hier, ob Sie die DOS-Shell benutzen oder lieber die Befehle des DOS am Prompt eingeben. Im letzten Fall sind Sie ungebundener, flexibler, müssen jedoch die DOS-Befehle (Dienstprogramme) beherrschen, die Sie über die Tastatur aufrufen. Im ersten Fall haben Sie die Möglichkeit, mit Maus oder Tastatur zu arbeiten. Sie erteilen dem PC Befehle, indem Sie Menüpunkte auswählen. Sie sind aber an die Auswahl der Menüpunkte gebunden, wenn Sie nicht selbst Ihre eigenen Menüpunkte der DOS-Shell hinzufügen, wobei Sie wieder Befehle des DOS benutzen. Sie können sich jedoch auch nach dem SETUP immer wieder neu entscheiden, wie Sie verfahren wollen.

Der Trend geht hin zur grafischen Benutzeroberfläche. Deshalb setzen Sie jetzt die Markierung am besten auf den Punkt MS-DOS-Shell und drücken <Enter>. Im nächsten Bildschirm wählen Sie den Punkt

```
MS-DOS-Shell beim Neustart ausführen.
```

und dann

```
SETUP fortsetzen.
```

```
Microsoft(R) MS-DOS(R) Version 5.00

    Setup ist jetzt zur Einrichtung von MS-DOS 5.0 bereit. Falls Sie
    jetzt fortfahren, sind Sie eventuell nicht in der Lage, Setup zu
    unterbrechen, bis MS-DOS auf Ihrem System installiert ist.

    Um MS-DOS Version 5.0 jetzt einzurichten:  J drücken

    Um Setup ohne Einrichtung zu beenden:      F3 drücken

    Um die Konfigurationsauswahl zu korrigieren: Andere Taste drücken

F3=Ende  J=MS-DOS installieren
```

Abb. 15: Jetzt kommt SETUP zur Sache

Da Sie mit UNINSTALL in der Lage sind, jederzeit ihre bisherige Installation wiederherzustellen, droht keine Gefahr, wenn Sie jetzt die Taste **J** antippen.

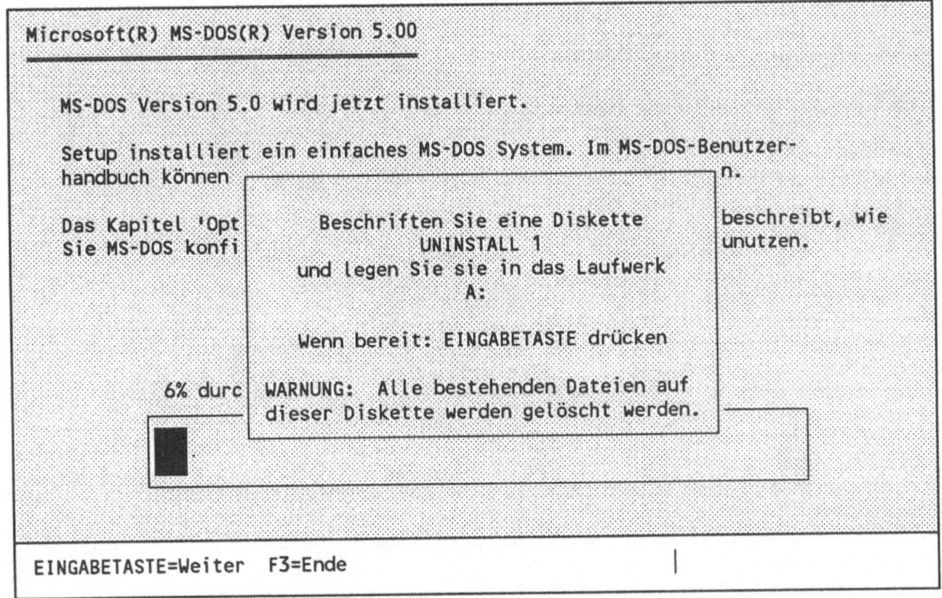

Abb. 16: Die UNINSTALL-Diskette für die evtl. Rückkehr zum bisherigen System

SETUP teilt Ihnen mit, daß ein einfaches DOS-System installiert wird. Das bedeutet

- keine Zusatzfunktionen wie z.B. DOSKEY, virtuelles Laufwerk, beschleunigter Plattenzugriff usw.
- eventuell keine deutsche Tastaturanpassung.

Doch eine Optimierung der RAM-Belegung durch das Betriebssystem wird durch SETUP bereits vorgenommen. (Hinweise für die Zusatzfunktionen und optimales Konfigurieren in den Abschnitten 2.11 und 2.12.)

Die Kapazität einer 3,5"-Diskette (wie hier im Beispiel Abb. 17) kann 720 Kilobyte (Aufschrift 2DD o.ä. = 2-seitig Double Density) oder 1,44 Megabyte (Aufschrift 2HD o.ä. = 2-seitig High Density) sein. Falls Ihr Laufwerk A: ein 5,25"-Laufwerk ist, haben Ihre Disketten 360 Kilobyte (Aufschrift 2DD) oder 1,2 Megabyte (Aufschrift 2HD). Wählen Sie das richtige Format und tippen Sie <Enter>.

```
Microsoft(R) MS-DOS(R) Version 5.00

  MS-DOS Version 5.0 wird jetzt installiert.

  Setup installiert ein einfaches MS-DOS System. Im MS-DOS-Benutzer-
  handbuch können Sie über zusätzliche Möglichkeiten nachlesen.

  Das Ka                                                        , wie
  Sie MS  Bitte wählen Sie die richtige Kapazität Ihrer Diskette aus.

                         720 KB
                         1.44 MB

EINGABETASTE=Weiter  F3=Ende
```

Abb. 17: Sie teilen SETUP die Kapazität Ihrer UNINSTALL-Diskette mit

Die nächste Frage bezieht sich ebenfalls auf Ihre UNINSTALL-Disketten. Sie werden Sie vermutlich mit JA beantworten können. Daraufhin beginnt SETUP von der Systeminstallationsdiskette Dateien zu lesen und sie auf die Platte zu übertragen.

```
Microsoft(R) MS-DOS(R) Version 5.00

  MS-DOS Version 5.0 wird jetzt installiert.

  Setup installiert ein einfaches MS-DOS System. Im MS-DOS-Benutzer-
  handbuch können Sie über zusätzliche Möglichkeiten nachlesen.

  Das Kapitel 'Opti                                h beschreibt, wie
  Sie MS-DOS konfig  Legen Sie die Diskette mit dem Namen  szunutzen.
                          MS-DOS 5.0  Diskette 2
                            in das Laufwerk
                                  A:

                     Wenn bereit: EINGABETASTE drücken
          17% durch

EINGABETASTE=Weiter
```

Abb. 18: SETUP verlangt nach weiteren System-Dateien

Nun werden Sie solange zum Diskettenwechsel aufgefordert, bis das Betriebssystem vollständig installiert ist. Manchmal verlangt SETUP eine Diskette, die zuvor bereits eingelegt war.

```
Microsoft(R) MS-DOS(R) Version 5.00

    Die Installation ist jetzt vollständig. Bitte entfernen Sie
    alle Disketten aus Ihren Laufwerken und drücken Sie dann
    die EINGABETASTE, um MS-DOS 5.0 zu starten.

    HINWEIS:
       Die ursprünglichen Dateien AUTOEXEC.BAT and CONFIG.SYS
       (falls vorhanden) wurden als AUTOEXEC.DAT und CONFIG.DAT
       auf der Uninstall-Diskette gespeichert.

EINGABETASTE=Weiter
```

Abb. 19: Das Ende von SETUP

Ihre neue Systeminstallation ist abhängig davon, ob Sie auf Ihrem PC vorher schon eine DOS-Version installiert hatten und ob SETUP die Dateien CONFIG.SYS und AUTOEXEC.BAT mehr oder minder vollständig vorgefunden hat. Falls SETUP diese Dateien entdeckt hat, wurden sie aktualisiert. Andernfalls hat SETUP diese Dateien ohne spezifische Anpassung an Ihre Bedürfnisse neu angelegt. Das bedeutet beispielsweise, daß die Tastaturbelegung nicht an deutsche Verhältnisse angepaßt wurde. Mindestens diesen Punkt müssen Sie anschließend ändern.

Folgen Sie den letzten Anweisungen von SETUP (Abb. 19). Das System startet nun mit der DOS-Shell.

Die Benutzeroberfläche DOS-Shell prüft die Struktur Ihrer Festplatte und zeigt Ihnen die vorhandenen Laufwerke, die Verzeichnisstruktur des aktuellen Laufwerks, die Dateiliste des aktuellen Verzeichnisses und einige Menüpunkte (Hauptgruppe der verfügbaren Dienst- und sonstigen Programme.)

Falls die Datumsangaben der Dateiliste amerikanisches Format besitzen, z.B. 09-26-91, sollte die Datei CONFIG.SYS an deutsche Verhältnisse angepaßt werden. Testen Sie auch die Tastatur. Gegebenenfalls müssen Sie jetzt auch die Datei AUTOEXEC.BAT ändern. Gehen Sie folgendermaßen vor:

```
                              MS-DOS-Shell

  Datei  Optionen  Anzeige  Verzeichnis  Hilfe
  C:\
 [A:]  [B:]  [C:]

        Verzeichnisstruktur                          C:\*.*

 [-] C:\                          ↑   ▸ 012345   .678        109  08-29-88 ↑
   ├─[ ] DOS                            AUTOEXEC.BAT          64  09-26-91
   ├─[+] DBASE                          COMMAND  .COM     50.031  06-11-91
   ├─[ ] EDV                            CONFIG   .SYS        109  09-26-91
   ├─[+] FLANCE                         IMAGE    .DAT    120.832  05-27-91
   ├─[ ] GABLER
   ├─[+] UTIL
   ├─[ ] WORD                     ↓                                        ↓

                              Hauptgruppe

     Eingabeaufforderung                                                   ↑
     Editor
     MS-DOS QBasic
     [Dienstprogramme]
                                                                           ↓

  F10=Menüleiste  UMSCHALT+F9=Eingabeaufforderung                    12:38p
```

Abb. 20: DOS-Shell Eingangsbild im Textmodus

Die Schreibmarke (Cursor) steht auf dem Laufwerk C:. Mit der Tabulatortaste wählen Sie den Menüpunkt **Eingabeaufforderung**, und tippen Sie <Enter>.

```
Microsoft(R) MS-DOS(R) Version 5.00
          (C)Copyright Microsoft Corp 1981-1991.

C:\>
```

Abb. 21: Der DOS-Prompt

Am DOS-Prompt (Eingabeaufforderung des DOS) testen Sie nun, ob die Buchstaben Z und Y vertauscht sind, indem Sie diese Zeichen eingeben. Falls dies nicht zutrifft und das Datum richtig dargestellt wird, können Sie den Rest dieses Abschnitts übergehen. Mit dem Befehl EXIT gelangen Sie zur DOS-Shell zurück:

C:\> exit <Enter>

Anpassung von AUTOEXEC.BAT und CONFIG.SYS

Mit Systembefehlen in den Dateien CONFIG.SYS und AUTOEXEC.BAT kann das Betriebssystem und der PC optimal auf die persönlichen Bedürfnisse seines Benutzers abgestimmt werden. In besonderen Abschnitten werden diese Systembefehle beschrieben (vgl. Abschn. 2.11 und 2.12). Zunächst geht es um die Einstellung Ihres PC auf deutsche Formate und Tastaturen.

AUTOEXEC.BAT

Wählen Sie in der DOS-Shell mit der Tabulatortaste die **Hauptgruppe** und dort mit einer Cursortaste (Pfeil nach unten) den Menüpunkt **Editor**. Drücken Sie <Enter>.

Der **Editor** ist ein Programm, mit dem Sie Texte verfassen, ändern, speichern und drucken können. AUTOEXEC.BAT ist eine Textdatei, die Sie nun wie folgt abändern und zurückspeichern.

Vorgehensweise:

Der Cursor steht nun am Anfang der eckigen Klammer. Dort schreiben Sie den Namen der Datei, also **autoexec.bat** hinein. Es ist wichtig, daß Sie zuerst die Datei AUTOEXEC.BAT ändern, so brauchen Sie sich anschließend nicht mehr mit der amerikanischen Tastenbelegung herumzuplagen. Schließen Sie Ihre Eingabe mit <Enter> ab.

Direkt nach Aufruf des Editors steht der Cursor am Anfang der ersten Zeile von AUTOEXEC.BAT. Drücken Sie nun nacheinander die Tasten <Ende> und <Enter>. Eine leere Zeile entsteht. Dort schreiben Sie hinein (vgl. auch Abb. 23):

```
LOADHIGH C:\DOS\KEYB GR,,C:\DOS\KEYBOARD.SYS
```

Hinweise:
Die Tasten <Z> und <Y> sind vertauscht, den Doppelpunkt finden Sie unter dem großen <Ö> und den Schrägstrich rückwärts (\) auf der Taste <#>. Alle anderen Zeichen stimmen überein.
Zum Korrigieren von Eingabefehlern verwenden Sie die Taste <Entf>, sie löscht ein Zeichen.
Die Taste <Einfg> wechselt Einfüge- und Überschreibemodus.

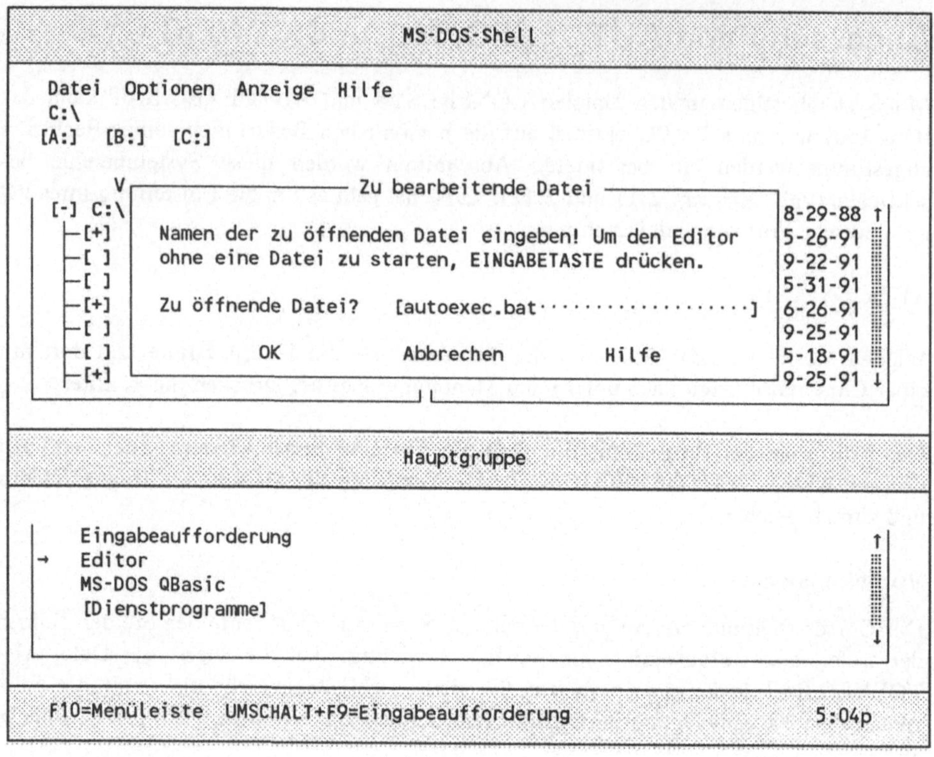

Abb. 22: Aufruf des Editors in der DOS-Shell

Anschließend drücken Sie die Taste <Alt> und halten sie solange gedrückt, bis Sie auch die Taste <D> (für den Menüpunkt Datei) angetippt haben. Es öffnet sich ein sog. Pull-Down-Menü.

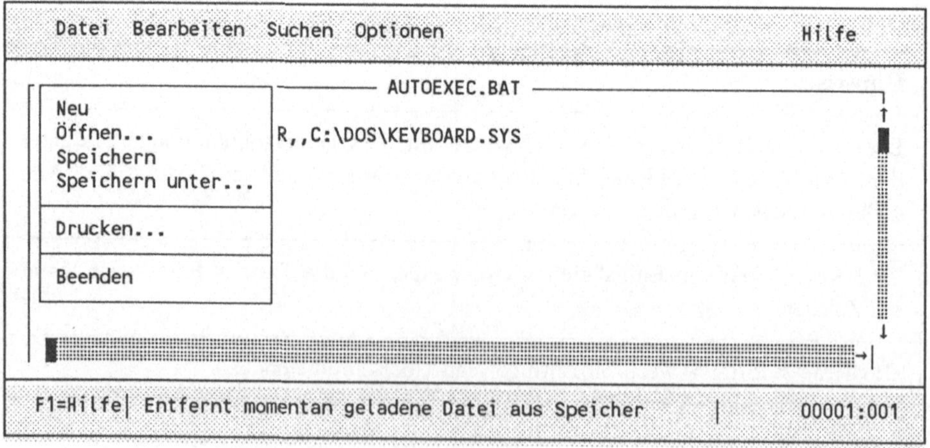

Abb. 23: Ein Pull-Down-Menü des DOS-Editors

Wenn Sie nun den Buchstaben <B> drücken, fragt Sie der Editor, ob er die Datei jetzt zurückspeichern soll. Antworten Sie mit der Taste <J> für Ja.

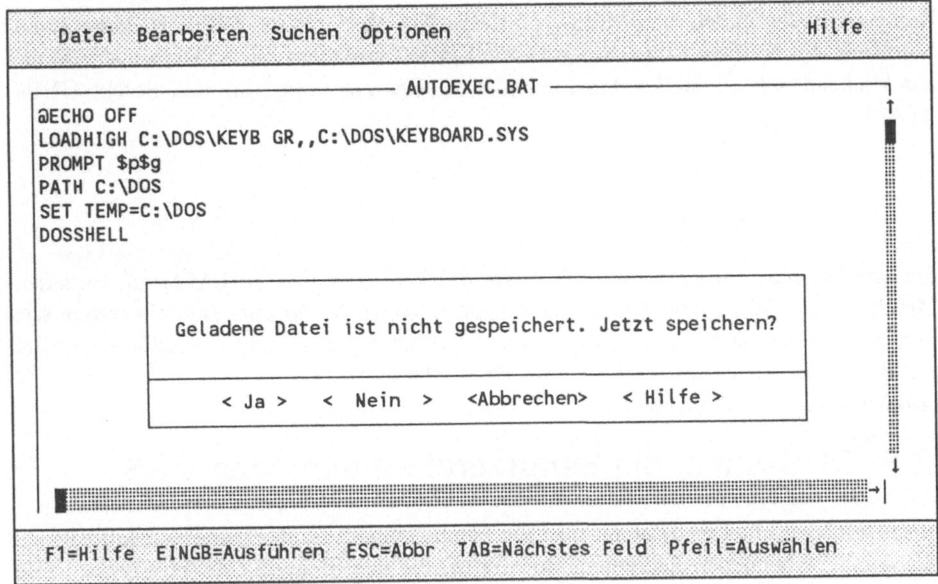

Abb. 24: Die neue AUTOEXEC.BAT. Vor dem Beenden kann noch gespeichert werden

Lösen Sie nun einen Warmstart aus, indem Sie gleichzeitig die Tasten <Strg> + <Alt> gedrückt halten und <Entf> betätigen. Jetzt ist die Tastatur nach dem Start angepaßt, falls Sie keinen Eingabefehler gemacht haben.

Die gleiche Prozedur führen Sie nun mit der Datei CONFIG.SYS durch. Beachten Sie: Die oberste Zeile von CONFIG.SYS wird frei, wenn Sie im Editor den Cursor unter das erste Zeichen stellen und <Enter> drücken. Bei der Gelegenheit ändern Sie auch noch FILES (Anzahl der maximal geöffneten Dateien) von 10 auf 30 ab, weil für viele Programme 10 geöffnete Dateien zu wenig sind.

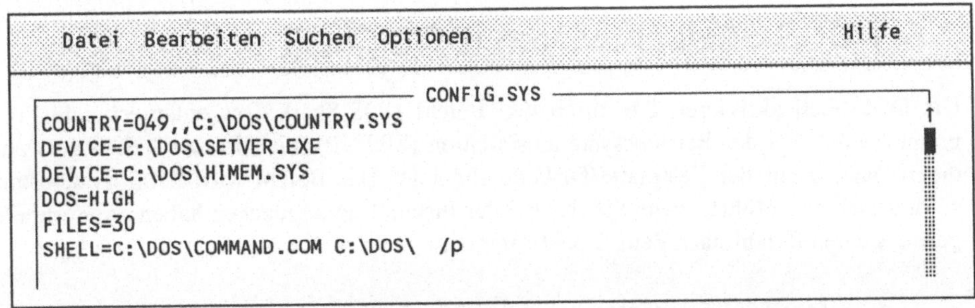

Abb. 25: Die Datei CONFIG.SYS nach Änderung

2.5.2 Deinstallation

Um Ihre bisherige DOS-Version wiederherzustellen, in seltenen Fällen ist das aus Kompatibilitätsgründen notwendig, plazieren Sie Ihre UNINSTALL-Diskette(n) ins Laufwerk A:. Verlassen Sie die DOS-Shell durch Drücken von <Alt> + <D> und anschließend <B>. Stellen Sie Laufwerk A: ein und tippen Sie den Befehl UNINSTALL:

```
C:\> a: <Enter>
A:\> uninstall <Enter>
```

Sie werden nun aufgefordert <W> zu drücken oder UNINSTALL zu verlassen. Drücken Sie <W>, und in wenigen Sekunden haben Sie Ihr altes Betriebssystem wieder. SETUP hatte ein Verzeichnis namens OLD_DOS.1 angelegt. Mit Hilfe der UNINSTALL-Diskette(n) und mit dem Inhalt dieses Verzeichnisses wird der Ursprungszustand wiederhergestellt.

2.6 DOS-Shell, die Benutzeroberfläche des DOS

Benutzeroberfläche (shell) nennt man die Erscheinungsform des Bildschirmaufbaus und die damit verbundenen Bedienungsfunktionen, die dem Benutzer ein Programm anbietet. Modern sind **grafische** und sog. **intuitive** Oberflächen. Eine grafische Oberfläche füllt den Bildschirm mit Fenstern (Bildausschnitten, windows), Sinnbildern (icons) und Schrift aus. Mit der Tastatur oder mit einer Maus - alternativ einem Trackball - kann der Benutzer die angebotenen Symbole und Menüpunkte oder die aufgeführten Dateien anwählen ("anklicken") und damit bestimmte Aktionen des Programms auslösen. Intuitiv ist eine Oberfläche, wenn sie der Benutzer ohne besonderen Schulungsaufwand schnell beherrscht, d.h., wenn sie weitgehend selbsterklärend ist.

In der Welt der IBM-Computer setzt sich der sog. SAA-Standard (SAA = systems applications architecture) mit dem CUA (= common user access) durch. CUA beschreibt die Art und Weise wie nach der von IBM entwickelten Vorstellung ein Benutzer mit einem Programm konfrontiert wird und Zugang zu ihm findet. MS-DOS 5.0 folgt diesem Trend. Die DOS-Shell entspricht den von IBM angestrebten Standards.

2.6.1 DOS-Shell aktivieren (DOS-Shell)

Die DOS-Shell aktivieren Sie durch den Befehl DOS-Shell. Das entsprechende Programm wurde bei der Betriebssysteminstallation (SETUP) mit allen zusätzlich notwendigen Dateien auf der Festplatte/Diskette abgelegt. Der Befehl wird beim Systemstart automatisch ausgeführt, wenn Sie das bei der Installation angegeben haben. Andernfalls geben Sie den Befehl nach dem DOS-Prompt ein:

```
C:\> DOSSHELL <Enter>
```

Falls Ihr Bildschirm nach Aufruf von DOS-Shell etwas anders als in der Abbildung aussieht, dann liegt das daran, daß die DOS-Shell sich zunächst im Textmodus zeigt.

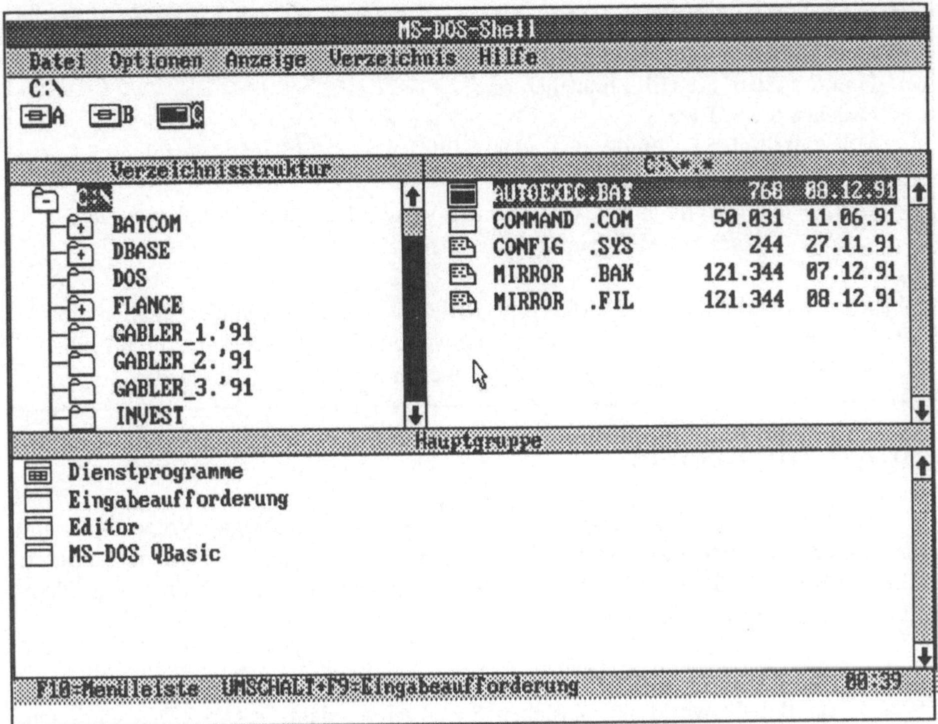

Abb. 26: Das Eingangsbild der DOS-Shell

Der Textmodus arbeitet mit dem vorgegebenen Zeichensatz des PC (vgl. Anhang 1). Im Textmodus werden alle Darstellungen aus den 256 Zeichen des PC-Zeichensatzes zusammengesetzt. Im Grafikmodus können Symbole frei gestaltet werden. Infolgedessen ist die Vielfalt der Darstellungsmöglichkeiten im Grafikmodus größer. Das DOS-Shell-Programm kann moderne Farb-Grafik-Adapterkarten in verschiedenen Modi betreiben. Wenn Ihr Gerät eine Farb-Grafik-Adapterkarte besitzt, können Sie beide Modi in verschiedenen Auflösungen und Farben wählen. Haben Sie eine Monochrom- oder Hercules-Karte, bleibt nur der Textmodus übrig.

2.6.2 Erster Kontakt mit der DOS-Shell

Jeder Benutzer kann die Aufteilung des Bildschirms mit der DOS-Shell nach seinen Erfordernissen vornehmen. Der fortgeschrittene Benutzer wird das tun. Zunächst soll uns die Standardform genügen. Die folgenden Beispiele dienen dem Warming-up. Führen Sie diese aus.

Hinweise zur Direkthilfe
Mit der Taste <F1> erhalten Sie in jeder Situation gezielt Hilfe zum aktuellen Thema.

- Stellen Sie den Cursor mit Tabulator- und Cursortasten oder Maus auf den Punkt, zu dem Sie Hilfe brauchen
- Drücken Sie <F1>
- Mit <Pfeil-ab>/<Pfeil-auf> oder <Bild-ab>/<Bild-auf> verfolgen Sie den Text der Erläuterungen
- Um Menüpunkte im Hilfetext zu wählen, verwenden Sie die Tabulatortaste
- <Enter> führt den Menüpunkt aus

Verwenden Sie die Direkthilfe (On-Line-Hilfe) ausgiebig. Sie enthält zu allen die Shell betreffenden Fragen Hinweise, die teilweise über die in diesem Abschnitt beschriebenen hinausgehen und des Umfangs wegen nicht dargestellt wurden.

2.6.2.1 Menüleiste

Die **Menüleiste** zeigt die Menüpunkte Datei, Optionen, Anzeige, Verzeichnis und Hilfe. Durch die Wahl der Menüpunkte klappen Sie ein Pull-Down-Menü herunter. Bedienungsbeispiel für die Menüleiste soll im folgenden das Umschalten vom Textmodus auf den Grafikmodus sein:

Mit der Taste <**Alt**> und einem darauffolgenden Buchstaben wählen Sie ein Pull-Down-Menü. Drücken Sie <Alt>, dann <O>. Das Optionen-Menü wird sichtbar. Wählen Sie mit <A> (oder den <Pfeil-ab>/<Pfeil-auf>-Tasten und <Enter>) den Anzeigemodus. Jetzt gelangen Sie in eine **Dialogbox**. Die Markierung steht auf "Text 25 Zeilen . . .". Mit <Pfeil-ab> setzen Sie diese auf "Grafik 25 Zeilen . . ." und drücken <Enter>. Nach kurzer Zeit sehen Sie die DOS-Shell im Grafikmodus (vgl. Abb. 1). Mit der Taste <**Esc**> (engl. escape = Flucht) verlassen Sie ein Pull-Down-Menü oder eine Dialogbox ohne Änderung.

Stellen Sie den Mausanzeiger (Mauscursor) auf den Menüpunkt Optionen und drücken Sie die linke Maustaste. Diesen Vorgang nennt man "Anklicken". Klicken Sie den Anzeigemodus an, also Mauscursor auf Anzeigemodus und linke Maustaste betätigen. Mauszeiger auf "Grafik 25 Zeilen . . ." und linke Maustaste zweimal kurz hintereinander tippen (Doppelklicken) oder den Befehl OK anklicken. Mit der rechten Maustaste brechen Sie ein Menü ab. In der Dialogbox müssen Sie dazu in der Befehlsleiste den Punkt ***Abbrechen*** anklicken.

2.6.2.2 Laufwerkliste

Unter der Menüleiste präsentiert DOS-Shell alle Laufwerke des Rechners. Das können mehr sein als in Ihrem PC "physikalisch" tatsächlich vorhanden sind, nämlich auch virtuelle, logische oder Netzwerklaufwerke. Das hängt von Ihrer Konfiguration ab. Das aktuell eingestellte Laufwerk, es ist markiert, können Sie wechseln.

Halten Sie die Taste <Strg> gedrückt und tippen Sie den Buchstaben des gewünschten Laufwerks, z.B. <A>. Das System liest Verzeichnisse und Dateien des Laufwerks und zeigt sie an. Beachten Sie: Falls Sie ein Diskettenlaufwerk wählen, sollte dort eine formatierte Diskette liegen. Sie können auch die Tabulatortaste (in Verbindung mit gedrückter Umschalttaste rückwärts laufend) benutzen, um in die Dateiliste zu gelangen. Dann wählen Sie mit <Pfeil-rechts>/<Pfeil-links> das Laufwerk A. Schließlich drücken Sie <Enter>.

Symbol für Laufwerk A anklicken. Doppelklicken aktualisiert die Anzeige nach einer eventuellen Veränderung (z.B. Löschen von Dateien) auf dem Laufwerk.

2.6.2.3 Verzeichnisstruktur

Die Liste der Verzeichnisse eines Laufwerks, in der DOS-Shell auf der linken Seite unter den Laufwerken, zeigt die Verzeichnisstruktur eines Laufwerks. Verzeichnisse werden im Grafikmodus durch das Kartei-Symbol gekennzeichnet.

2.6.2.3.1 Begriff Verzeichnis

Auf jedem Datenträger gibt es ein **Hauptverzeichnis** oder **Stammverzeichnis** (engl. root-directory) und beliebig viele **Unterverzeichnisse**. Das Stammverzeichnis wird beim Vorbereiten einer Festplatte/Diskette (vgl. Befehl FORMAT) automatisch eingetragen. Alle anderen Verzeichnisse erstellt der Benutzer selbst.

Verzeichnisse haben die Funktion von Ablagefächern oder Dokumentenmappen. Sachlich zusammengehörende Dateien werden in einem spezifischen Verzeichnis abgelegt. So finden Sie zum Beispiel im Verzeichnis namens DOS alle Dateien des Betriebssystems. Im Verzeichnis WORD etwa befinden sich alle Programmdateien des Textsystems MS-WORD und in einem Verzeichnis namens KUNDEN alle Briefe und Unterlagen, die mit Ihren Kunden zu tun haben.

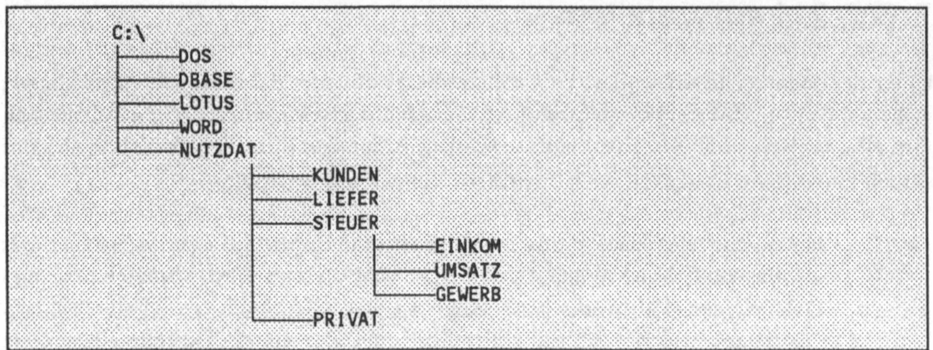

Abb. 27: Beispiel für eine Verzeichnisstruktur

Im Beispiel ist die hierarchische Verzeichnisstruktur zu erkennen. Dem Stammverzeichnis auf Platte C:, gekennzeichnet durch den Schrägstrich rückwärts (\, engl. backslash), sind einige Verzeichnisse direkt untergeordnet, in denen sich Programmsysteme befinden. Ein Verzeichnis NUTZDAT weist darauf hin, daß hier Nutzdaten abgelegt sind. Da es an einem Arbeitsplatz die verschiedenartigsten Nutzdateien gibt, ist dieses Unterverzeichnis wieder in weitere Verzeichnisse untergliedert. Der Benutzer hat es offenbar mit Kunden und Lieferern zu tun. Die diese Arbeitsbereiche betreffenden Dateien sind in den Verzeichnissen KUNDEN und LIEFER abgelegt. Es gibt ferner ein Verzeichnis STEUER für Steuerangelegenheiten. Weil der Benutzer verschiedene Steuerarten zu bearbeiten hat, ordnete er dem Verzeichnis STEUER entsprechende Verzeichnisse, EINKOM, UMSATZ und GEWERB unter. Schließlich weist die Platte noch ein Unterverzeichnis PRIVAT für die Privatpost auf.

Die Speicherung von Dateien in sachbezogenen Verzeichnissen ist vergleichbar mit der Ablage von Dokumenten im Aktenschrank:

Hauptverzeichnis des Laufwerks	≈ Aktenschrank
1. Unterverzeichnisebene	≈ Aktenordner
2. Unterverzeichnisebene	≈ Register im Aktenordner
Nutzdatei	≈ Dokument

Im Gegensatz zu diesem Analogiebeispiel kann es auf dem Datenträger jedoch eine tiefere Staffelung der Unterverzeichnisebenen geben. Eine Struktur, die Verzeichnisse für Nutzdaten strikt von Verzeichnissen für Programme trennt, ist für die Datensicherung von Vorteil (vgl. Befehl BACKUP). In der Regel müssen nur Nutzdaten regelmäßig gesichert werden, denn für die lizenzierten Programme existieren die entsprechenden Original-Disketten und sie bleiben immer in ihrem ursprünglichen Zustand. Nutzdaten dagegen verändern sich laufend durch Bearbeitung.

Um eine Textdatei mit dem Namen FA_12031.TXT im Umsatzsteuerverzeichnis anzusprechen, müssen Sie, die Struktur von Abb. 7 zugrundegelegt, folgendermaßen adressieren:

C:\NUTZDAT\STEUER\UMSATZ\FA_12031.TXT

Laufwerk, Verzeichnisse und Dateiname sind durch \ voneinander getrennt. Sie werden in hierarchischer Ordnung, das übergeordnete Verzeichnis zuerst, aufgeführt. Die vor der Dateibenennung stehenden Angaben nennt man **Pfad**.

2.6.2.3.2 Begriff Pfad

Ein **Pfad** ist eine Folge von hierarchisch aneinandergereihten und durch \ (backslash) getrennten Verzeichnisnamen, denen eine Laufwerksbezeichnung vorangestellt sein kann. Der erste backslash bzw. ein backslash alleine bezeichnet das Stamm- bzw. Hauptverzeichnis. Alle folgenden backslashes haben lediglich die Funktion von Trennzeichen.

Pfad-Beispiele:	**Bedeutung:**
`C:`	Aktuelles Verzeichnis des Laufwerks C:
`C:\`	Stammverzeichnis von C:
`\`	Stammverzeichnis des aktuellen Laufwerks
`C:\DOK`	Dem Stammverzeichnis untergeordnetes Verzeichnis DOK
`\NUTZDAT`	Dem Stammverzeichnis untergeordnetes Verzeichnis NUTZDAT des aktuellen Laufwerks
`C:\WORD*.*`	Alle Dateien des Unterverzeichnisses WORD
`C:\TEX\PRI\X.TXT`	Die Datei X.TXT im Unterverzeichnis PRI des Unterverzeichnisses TEX des Stammverzeichnisses von C:

2.6.2.3.3 Verzeichnisbereich der DOS-Shell

Die Shell zeigt an oberster Stelle das Laufwerk mit dem Symbol für Stammverzeichnis, \ (backslash). Falls Sie bisher nur DOS installiert haben, besteht die Verzeichnisstruktur nur aus Stammverzeichnis und Unterverzeichnis DOS. Für jedes neue Programmsystem, das Sie installieren, legen Sie ein entsprechendes Verzeichnis an. Im Beispiel Abb. 5 wurden bereits mehrere Unterverzeichnisse eingerichtet.

Sie können das Stammverzeichnis und jedes untergeordnete Verzeichnis anwählen. Die Dateiliste auf der rechten Seite des Bildschirms läßt alle Dateien des jeweils gewählten Verzeichnisses erkennen. Verzeichnisse mit + Zeichen im Verzeichnissymbol besitzen weitere Unterverzeichnisse.

Drücken Sie so oft die Tabulatortaste (im folgenden <Tab>-Taste), bis die Markierung im Bereich Verzeichnisstruktur steht. Wählen Sie mit <Pfeil-ab>/<Pfeil-auf> das Verzeichnis, z.B. DOS. Falls das Verzeichnissymbol ein + Zeichen aufweist, drücken Sie <+>. Die volle Verzeichnisstruktur wird sichtbar. Mit <Pfeil-ab>/<Pfeil-auf> erreichen Sie die untergeordneten Verzeichnisse, das Zeichen <-> verbirgt diese.

Alternative:

Statt mit den Pfeiltasten ist es möglich, die Auswahl mit der dem ersten Buchstaben des gesuchten Verzeichnisses entsprechenden Buchstabentaste durchzuführen. Beispiel: Taste <D> führt zum ersten Verzeichnis, dessen Name mit D beginnt, z.B. DBASE. Der zweite Tastenanschlag läßt den Cursor zu DOS wandern usw. Vom Ende aller Verzeichnisse, die mit D beginnen, springt der Cursor schließlich auf den ersten Namen zurück. Diese Auswahltechnik gilt auch für die Bereiche: Dateiliste, Haupt- und Untergruppen.

Klicken Sie den Verzeichnisnamen, z.B. DOS, an. Falls das Verzeichnissymbol ein + Zeichen aufweist, klicken Sie dieses an. Die volle Verzeichnisstruktur wird sichtbar. Durch Anklicken erreichen Sie auch die untergeordneten Verzeichnisse.

2.6.2.4 Dateiliste

Der rechte Bildschirmbereich (vgl. Abb. 5) heißt Dateiliste. Hier sind die im aktuellen Verzeichnis befindlichen Dateien alphabetisch aufgelistet. Im Grafikmodus erkennen Sie die Nutzdateien am Dokument-Symbol, die Befehlsdateien (mit Erweiterungen .COM, .EXE und .BAT) am Befehl-Symbol. Rechts neben den Dateinamen: die Größe der Datei in Byte und das Datum der letzten Änderung. Über der Dateiliste steht die Pfadangabe für das aktuelle Verzeichnis.

Beispiel:

Die Pfadangabe: C:\DOS*.* bedeutet: Anzeige aller Dateien (*.*) im Unterverzeichnis DOS des Laufwerks C: (zum Platzhalter <*> vgl. Befehl DIR).

Alle Befehlsdateien können Sie ganz einfach starten. Das folgende Beispiel geht davon aus, daß Sie das DOS-Verzeichnis angewählt haben (wie dies erfolgt vgl. oben, zur Ausführung von Befehlen: vgl. auch Abschn. 2.5.4 Drag-and-Drop-Verfahren).

Sie wählen das Verzeichnis, z.B. DOS, an, falls noch nicht geschehen. Mit der Tabulatortaste suchen Sie die Dateiliste auf. Mit Cursortasten (= Pfeil-Tasten und Bild-Tasten) wählen Sie eine Befehlsdatei aus, z.B. HELP.EXE und betätigen <Enter>.

Alternative:

Statt mit den Pfeiltasten ist es möglich, die Auswahl mit der dem ersten Buchstaben der gesuchten Datei entsprechenden Buchstabentaste durchzuführen, z.B. im Verzeichnis DOS führt Taste <H> unmittelbar zu HELP.EXE. <Enter> startet das Programm.

Klicken Sie ein Verzeichnis, z.B. DOS, an. Mauscursor auf den unteren Pfeil der Bildlaufleiste, das ist der senkrechte Balken rechts mit Pfeilen nach oben und unten. Die linke Maustaste drücken Sie so lange, bis HELP.EXE erscheint. Falls nötig, fahren Sie mit dem oberen Pfeil wieder zurück. Markieren Sie HELP.EXE und führen Sie den Befehl mit Doppelklick aus.

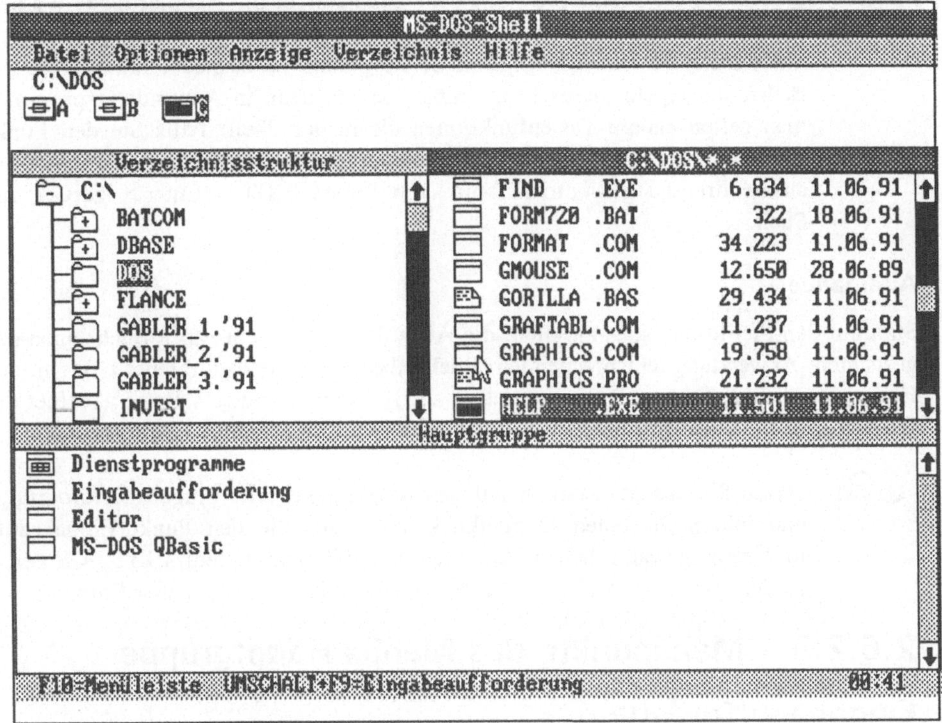

Abb. 28: DOS-Shell mit Verzeichnis DOS

Manche Befehlsdateien, wie z.B. EDLIN.COM, brauchen schon beim Start zugeordnete Parameter (Befehlszusätze). Wenn sie diese wie hier beschrieben starten, erhalten Sie kein Ergebnis. Auf die beschriebene Weise ist es auch möglich, Nutzdateien mit den zugehörigen Anwendungsprogrammen zu verknüpfen. Dabei werden die Anwendungsprogramme ausgeführt, obwohl sie nicht im selben Verzeichnis stehen (vgl. Datei-Manager, Verknüpfen).

2.6.2.5 Hauptgruppe

Hauptgruppe bedeutet: eine übergeordnete Gruppe von Programmen, die der Anwender aufrufen kann. Diesen Teil der DOS-Shell verwaltet der sog. **Programm-Manager**.

Innerhalb der ursprünglich sichtbaren Programme gibt es eine Untergruppe Dienstprogramme. Wenn Sie diese Untergruppe öffnen (vgl. unten), wird das Menü der Dienstprogramme sichtbar. Jeder Benutzer hat die Möglichkeit, das Menü der Hauptgruppe um weitere Menüpunkte, d. h. Programmaufrufe- und Untergruppen, zu erweitern.

Stellen Sie die Markierung mit dem Tabulator in die Hauptgruppe. Wählen Sie mit Cursortasten einen Menüpunkt, z.B. Eingabeaufforderung. Drücken Sie <Enter>. Um das aufgerufene Programm zu beenden, müssen Sie die Bedienungsregeln dieses Programms kennen, denn in Anwendungsprogrammen gelten andere Tastenfunktionen als in der Shell. Falls Sie den Punkt Eingabeanforderung gewählt haben, wurde der DOS-Befehl COMMAND ausgeführt und Sie kommen mit dem Befehl EXIT <Enter> zurück zur Shell.

Alternative:

Statt mit den Pfeiltasten ist es möglich, die Auswahl mit der dem ersten Buchstaben der gesuchten Anwendung entsprechenden Buchstabentaste durchzuführen, z.B. in der Hauptgruppe führt Taste <D> unmittelbar zu Dienstprogramme. <Enter> öffnet die Untergruppe Dienstprogramme. Zurück geht's über den Menüpunkt Hauptgruppe.

Setzen Sie den Mauscursor auf den Menüpunkt, z.B. Eingabeaufforderung, und führen Sie einen Doppelklick aus. Falls Sie den Punkt Eingabeaufforderung gewählt haben, kommen Sie mit dem Befehl EXIT <Enter> zurück zur Shell. Auf der DOS-Systemebene ist die Maus außer Funktion.

2.6.2.5.1 Menüpunkte des Menüs Hauptgruppe

Eingabeaufforderung

Dieser Punkt ist das Fenster zur Befehlsoberfläche von DOS. Die Tastenkombination <UMSCHALTUNG> + <F9> erledigt das gleiche. Mit dem Befehl EXIT kehren Sie zur Shell zurück.

Editor

Mit dem Editor können Sie Texte verfassen und ändern. Sie werden zunächst gefragt, welche Datei Sie bearbeiten wollen. Falls Sie eine neue anlegen wollen, entfällt der Eintrag. Klicken Sie OK oder drücken Sie <Enter>. Daraufhin erscheint die Eingabemaske des Editors mit der Menüleiste am oberen Rand. Mit <Alt> gelangen Sie in die Menüs. <Esc> führt zurück. Benutzen Sie nach Aufruf des Editors die on-line-Hilfe (Taste F1), um sich über seine Funktionen zu informieren.

MS-DOS QBasic

QBasic ist der BASIC-Übersetzer, der mit DOS 5.00 ausgeliefert wird. Es handelt sich um ein komfortables Programmentwicklungssystem mit dem professionelle BASIC-Programme entwickelt werden können. Sie können spaßeshalber einmal eines der mitgelieferten BASIC-Quellprogramme, kenntlich an der Erweiterung .BAS, übersetzen und ausführen lassen.

Ausführungsbeispiel:

Markieren Sie im Bereich Verzeichnisstruktur das Verzeichnis DOS. Wählen Sie im Bereich Hauptgruppe "MS-DOS QBasic". Tragen Sie in der sich öffnenden Dialogbox als QBasic-Datei den Namen NIBBLES ein. <Enter> drücken oder OK anklicken. Mit <Umschaltung> + <F5> startet ein Spiel.

Dienstprogramme

Der Menüpunkt bildet den Zugang zur Untergruppe Dienstprogramme.

2.6.2.5.2 Menüpunkte der Untergruppe Dienstprogramme

Die Untergruppe Dienstprogramme ist nur eine beispielhafte Programmgruppe. Sie können Sie erweitern und/oder weitere Untergruppen selbst schaffen (vgl. S. 60, Programm-Manager).

Hauptgruppe

Hauptgruppe ist ein Menüpunkt, der wieder zurück zum Eingangsmenü Hauptgruppe führt.

Diskette kopieren

Nach dem Öffnen der Dialogbox werden Sie angewiesen, Quell- und Ziellaufwerk einzugeben. Sie können auch den Vorschlag A: (Quelle) und B: (Ziel) übernehmen. Mit dem Menüpunkt kopieren Sie den Inhalt einer Diskette vollständig von einem Laufwerk (hier A:) in das andere (hier B:). Vorsicht: Alle Dateien der Zieldiskette werden gelöscht (vgl. Befehl DISKCOPY).

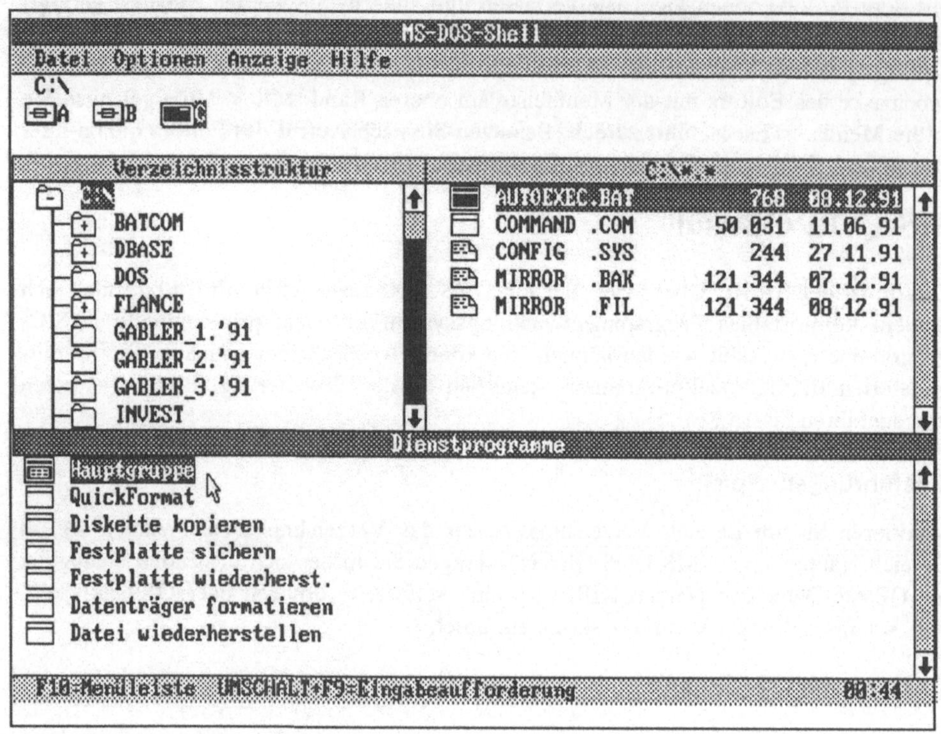

Abb. 29: Untergruppe Dienstprogramme

Festplatte sichern

Die Festplatte C: (Quelle) wird mit ihrem gesamten Inhalt aus Sicherheitsgründen auf Disketten übertragen, die Sie in Laufwerk A: (Ziel) plazieren müssen. Statt der Vorgabe können Sie auch jedes andere Laufwerk (z.B. E: als Quelle und B: als Ziel) oder Verzeichnis (z.B. \DOS) einsetzen (vgl. Befehl BACKUP).

Festplatte wiederherstellen

Sie haben eine Festplatte versehentlich gelöscht oder Sie mußten eine defekte Festplatte gegen eine neue austauschen lassen. Nun können Sie die mit dem vorangegangenen Menüpunkt gesicherten Daten wieder zurückspielen, d.h. den ursprünglichen Datenbestand wiederherstellen. Mit dem folgenden Parameterbeispiel schreibt das System alle Dateien von Laufwerk A: auf Laufwerk C: zurück (vgl. Befehl RESTORE):

Parameter: A: C:*.* /S

QuickFormat

Der Menüpunkt formatiert eine früher formatierte Diskette erneut. Alle Unterverzeichnisse und Dateien werden beseitigt. Vorgabelaufwerk ist A:, sie können das durch Eingabe eines anderen Laufwerks, z.B. B:, ändern (vgl. Befehl FORMAT).

Datenträger formatieren

Wenn Sie eine Diskette erstmals formatieren wollen, wählen Sie diesen Punkt. Sie können die Parametervorgabe A: ändern. Der PC formatiert die Diskette automatisch in der dem Laufwerk eigenen Maximalkapazität. Sind andere Kapazitäten erwünscht, z.B. für DD-Disketten, müssen Sie diese in Form von spezifischen Parametern vorgeben (vgl. Befehl FORMAT).

Datei wiederherstellen

Sie können gelöschte Dateien wiederherstellen, wenn sie nach dem Löschen nicht ganz oder teilweise durch neue Daten überschrieben wurden (vgl. Datei-Manager, Menüpunkt Löschen). Wenn Sie den Menüpunkt wählen, zeigt die Dialogbox den Parameter /LIST. Das bedeutet, Sie erhalten zunächst nur eine Liste der gelöschten Dateien, soweit ihre Namen noch im Inhaltsverzeichnis stehen. Ist die Liste zu lang, wählen Sie mit Platzhaltern (Jokern) eine Dateigruppe aus.

Ausführungsbeispiel:

Nach der Wahl des Menüpunkts, geben Sie als Parameter ein:

Parameter:	**Wirkung:**
/LIST *.TXT	alle gelöschten Dateien mit der Erweiterung .TXT anzeigen
/LIST ?O*	alle gelöschten Dateien zeigen, deren Name an zweiter Stelle den Buchstaben O besitzt

Beim Löschen wird die erste Stelle des Namens im Verzeichnis durch ein spezielles Löschkennzeichen überschrieben. Deshalb ist es nicht möglich, nach dem ersten Zeichen eines Dateinamens zu suchen. Das erste Zeichen muß immer durch ? oder * ersetzt werden (vgl. auch Befehl UNDELETE).

Ausführungsbeispiel:

Nehmen Sie an, Sie haben die Datei AUTOEXEC.BAT versehentlich gelöscht. Sie soll gerettet werden. Nach der Wahl des Menüpunkts geben Sie als Parameter ein: ?UTOEXEC.BAT.

Das System meldet, ob die Datei wiederhergestellt werden kann. Falls Sie jetzt mit J antworten, werden Sie aufgefordert, den ersten Buchstaben des Dateinamens, in unserem Beispiel A, einzugeben. Damit ist die Datei wieder verfügbar.

Sie können eine Gruppe von Dateien retten, wenn Sie Platzhalter benutzen, z.B. heißt Parameter *.TXT: Alle Textdateien retten.

2.6.2.6 Bildlaufleiste und Bildlaufpfeile

Rechts neben manchen Fenstern verläuft senkrecht die Bildlaufleiste, oben und unten begrenzt durch die Bildlaufpfeile. Sie bringen nur dem Mausbenutzer Vorteile. Folgende Nutzungsmöglichkeiten gibt es:

- Zeilenweise Blättern: Mauscursor auf den unteren oder oberen Pfeil, Maustaste antippen oder gedrückt halten (Dauerfunktion).

- Mehrere Zeilen überblättern: Mauscursor direkt unter den oberen Pfeil oder über den unteren Pfeil, Maustaste antippen oder gedrückt halten (Dauerfunktion). Das Bildlauffeld, ein kleines gerastertes Rechteck, wandert auf der Bildlaufleiste nach oben oder nach unten und zeigt die relative Position des Cursors an.

  Variante: Sie stellen den Mauscursor auf das Bildlauffeld, halten die Maustaste gedrückt, bewegen die Maus nach oben oder unten und lassen die Maustaste los, sobald die gewünschte Position erreicht ist.

2.6.2.7 Statuszeile

Die Statuszeile begrenzt den unteren Bildrand. Sie dient dazu, aktuelle Mitteilungen, Modi und die Uhrzeit anzuzeigen.

2.6.3 Pull-Down-Menüs der DOS-Shell

Ein Pull-Down-Menü (engl. pull down = zieh runter) ist ein Menüfenster, das sich nach unten öffnet. Abhängig von der aktuellen Position des Cursors in einem der Fenster stellen sich die Pull-Down-Menüs unterschiedlich dar.

2.6.3.1 Menü Datei

2.6.3.1.1 Datei-Manager

Wenn Sie das Pull-Down-Menü *Datei* aufrufen, während sich der Cursor in der Laufwerkliste, in der Verzeichnisstruktur oder der Dateiliste befindet, dann wird der sog. Datei-Manager aktiviert. In diesem Punkt zeigt sich die besondere Stärke der Shell von DOS 5.0. Der Datei-Manager bietet Ihnen viele Möglichkeiten der Verwaltung von Dateien.

Der Datei-Manager bezieht im Menü Datei angebotene Bearbeitungsmöglichkeiten immer auf die von Ihnen zuvor markierte(n) Datei(en). Sie können einzelne oder mehrere Dateien markieren. Möglichkeiten für das Markieren von Dateien:

Einzelne Dateien markieren

Dateiliste mit Tabulator wählen
Datei mit den Cursortasten ansteuern

Datei anklicken

Mehrere Dateien in Folge markieren

Mit Tabulatortaste Dateiliste wählen
Cursor auf die erste Datei stellen
Umschalttaste (shift) gedrückt halten und <Pfeil-ab> oder <Pfeil-auf> entsprechend oft anschlagen.

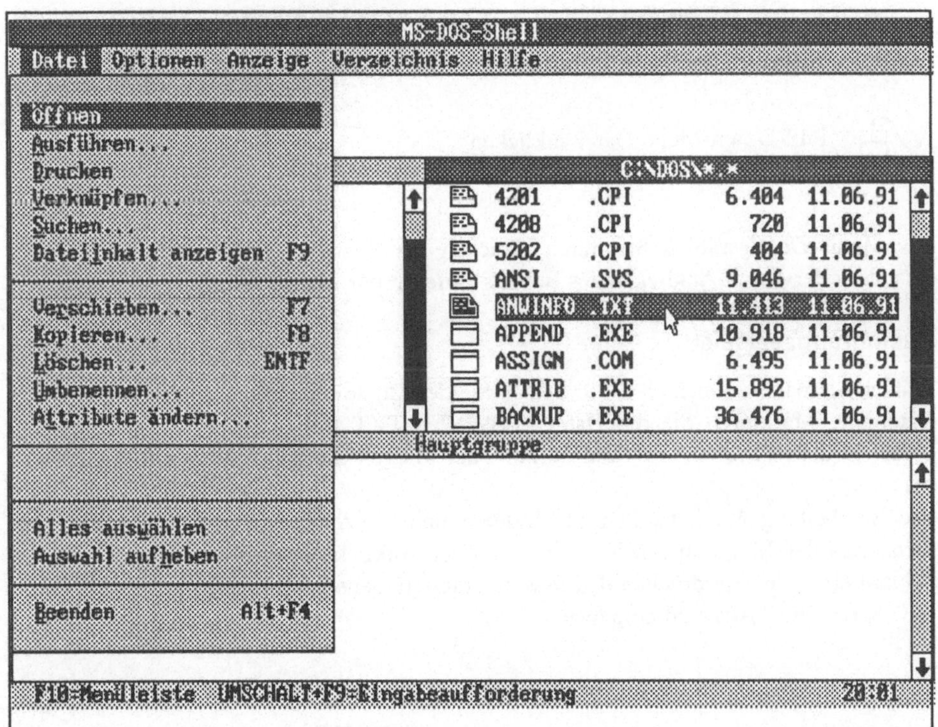

*Abb. 30: Das Pull-Down-Menü **Datei** für die Dateiliste*

Erste Datei der Reihe anklicken
Umschalttaste gedrückt halten und letzte Datei anklicken

Mehrere verstreut angeordnete Dateien markieren

Mit Tabulatortaste Dateiliste wählen
Cursor auf die erste Datei
Mit <Umschalttaste> + <F8> den Modus Erweitern aktivieren. Die Abkürzung ERWEIT erscheint nun in der Statuszeile
Mit den Cursortasten zur nächsten gewünschten Datei und mit <Leertaste> markieren
Letzten Punkt fortsetzen, bis alle gewünschten Dateien markiert sind

Erste Datei anklicken
Taste <Strg> gedrückt halten und dabei die übrigen gewünschten Dateien anklicken

Alle Dateien des Verzeichnisses markieren

Mit Tabulatortaste Dateiliste wählen
Tasten <Strg> + </> drücken

Pull-Down-Menü Datei anklicken
Menüpunkt "Alles auswählen" anklicken

Das Menü ***Datei*** wählen Sie durch Drücken der Tasten <Alt> und <D> nacheinander oder durch Anklicken des Befehls ***Datei*** in der Menüleiste.

Ausführungsbeispiel:

Wählen Sie das Verzeichnis DOS. Setzen Sie den Cursor mit dem Tabulator ins Fenster Dateiliste. Markieren Sie die Datei ANWINFO.TXT mit den Cursortasten oder der Maus. Drücken Sie <Alt> und <D> oder klicken Sie das Pull-Down-Menü Datei an.
Die Bearbeitungsmöglichkeiten für Dateien und Verzeichnisse suchen Sie mit Cursortasten oder Maus aus. Mit <Enter> oder Anklicken leiten Sie dann die Verarbeitung ein, oder Sie drücken den jeweils unterstrichenen Buchstaben auf der Tastatur, z.B. <H> für "Auswahl aufheben".

Hinweis:
Abhängig davon, in welchem Bildschirmbereich sich der Cursor beim Aufruf des Menüs Datei befindet, stehen Ihnen unterschiedliche Menüpunkte zu Verfügung. Die grau dargestellten Menüpunkte sind gesperrt.

Innerhalb des Dateimanagers gibt es folgende Bearbeitungsmöglichkeiten:

Öffnen

Haben Sie zuvor eine Befehlsdatei (.COM, .EXE, .BAT) markiert, dann heißt "Öffnen" ausführen.

Bei Nutzdateien, z.B. .TXT, sucht das System ein mit dieser Erweiterung "verknüpftes" Anwendungsprogramm. Wenn eine Verknüpfung besteht, z.B. mit einem Textprogramm, wird dieses gestartet und die Nutzdatei von dem Anwendungsprogramm geladen. (vgl. Menüpunkt "Verknüpfen"). Hinweis: Wenn mehrere Dateien markiert wurden, ist der Menüpunkt inaktiv. Sie wählen dann zuvor den Menüpunkt "Auswahl aufheben".

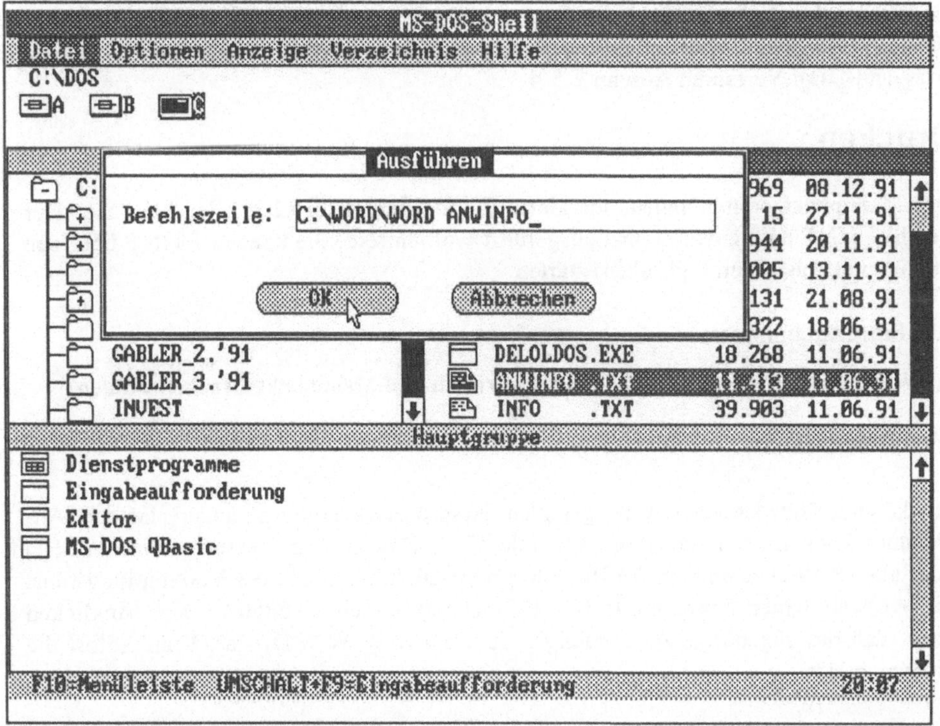

Abb. 31: Die Dialogbox Ausführen

Ausführen

Der Punkt Ausführen öffnet ein Dialogfenster. Wenn Sie einen Befehl in die Befehlszeile schreiben und <Enter> drücken oder OK anklicken, wird dieser Befehl ausgeführt. Dem Befehl können Sie Befehlszusätze, sog. Parameter, hinzufügen. Im Beispiel Abb. 11 wird das Programm WORD.EXE aus dem Verzeichnis C:\WORD aufgerufen und der Text ANWINFO.TXT durch das Textprogramm geladen.

Ausführungsbeispiele:

Sie schreiben MEM in die Befehlszeile und drücken <Enter>. MEM zeigt Ihnen die aktuelle Hauptspeicherbelegung.
Wenn Sie Zeit haben: Schreiben Sie in die Befehlszeile QBASIC GORILLA, um das mitgelieferte Bananenwurfspiel zu starten. Nach Spielablauf verlassen Sie das Spiel über das Menü Datei und den Menüpunkt "**Beenden**".

Alternativen:

Programme können Sie auch innerhalb der Dateiliste starten (vgl. oben). Allerdings sind dann keine Zusätze (Parameter) möglich.

Sie können das Dialogfenster auch unverrichteter Dinge durch <Esc>-Taste oder Anklicken der Schaltfläche Abbrechen verlassen. Eine elegante Alternative bietet das Drag-and-Drop-Verfahren Abschn 2.5.4.

Drucken

Der Menüpunkt erlaubt Ihnen, markierte Textdateien zu drucken. Beachten Sie: Der Befehl PRINT muß zuvor einmal ausgeführt worden sein. Sie können PRINT über den Menüpunkt Ausführen (vgl. oben) starten.

Ausführungsbeispiel:

ANWINFO.TXT im Verzeichnis DOS markieren und Menüpunkt Drucken wählen.

Verknüpfen

Sie können Nutzdateien mit festgelegten Namenserweiterungen entsprechenden Anwendungsprogrammen zuordnen; z.B. alle .TXT-Dateien dem Textprogramm WORD oder alle .BAS-Dateien dem BASIC-Interpreter QBASIC. Nach der Verknüpfung führt die Auswahl einer Nutzdatei (z.B. .TXT-Datei) mittels <Enter> oder Anklicken dazu, daß das zugehörige Anwendungsprogramm (z.B. WORD) startet und sofort die Nutzdatei lädt.

Ausführungsbeispiel:

DOS 5.0 wurde um einen Texteditor, eine Art Textprogramm ergänzt. Der Befehl, der den Texteditor aufruft, heißt EDIT. Wenn Sie die folgenden Schritte ausführen, wird dieser Editor immer dann aufgerufen, wenn Sie eine .TXT-Datei auswählen:
Sie stellen das Verzeichnis DOS ein. Markieren Sie die Datei INFO.TXT oder ANWINFO.TXT. Wählen Sie im Datei-Menü zuerst ***Auswahl aufheben***, dann ***Verknüpfen***. In der sich öffnenden Dialogbox erhalten Sie die Mitteilung:

.TXT-Dateien sind verknüpft mit:

In die Zeile darunter schreiben Sie EDIT. Klicken Sie OK an oder drücken Sie <Enter>.

Wenn Sie jetzt eine .TXT-Datei anklicken oder mit <Enter> wählen, wird das Programm EDIT.COM aufgerufen und der Text geladen.

Sie heben die Zuordnung wieder auf, indem Sie den Namen der Anwendung durch **Rücktaste** löschen.

Suchen

Der Menüpunkt Suchen ist besonders nützlich, wenn Sie vergessen haben, in welchem/welchen Verzeichnis(sen) sich eine oder mehrere Dateien verstecken.

Ausführungsbeispiel:

Wählen Sie "Suchen" im Datei-Menü. Tragen Sie unter "Suchen nach:" ein: *.TXT. Das bedeutet: *Suche alle .TXT-Dateien.* Drücken Sie die Tabulatortaste oder klicken Sie den nächsten Punkt, also "[ ] Ganzen Datenträger durchsuchen" an. Stellen Sie sicher, daß X in der eckigen Klammer steht (Leertaste oder Klick). Nochmal Klick auf OK oder <Enter>.
In der nun erscheinenden Dateiliste haben Sie wieder alle Möglichkeiten, die Ihnen die bereits bekannte Menüleiste bietet. Mit <Esc> beenden Sie die Suchfunktion.

Dateiinhalt anzeigen

Mit diesem Menüpunkt können Sie sich eine Datei sowohl im Textmodus (ASCII) als auch hexadezimal (HEX) anzeigen lassen. Beachten Sie: Falls mehrere Dateien markiert sind, ist der Menüpunkt inaktiv. Sie müssen dann zuvor im Dateimenü "Auswahl aufheben" anklicken oder <H> drücken.

Ausführungsbeispiel:

Markieren Sie die Datei DOSHELP.HLP im Verzeichnis DOS. Führen Sie den Menüpunkt "Dateiinhalt anzeigen" aus. Die Datei wird angezeigt. Der Menüpunkt Darstellung bietet Ihnen auch hexadezimale Darstellung des Textes. <Esc> bricht die Funktion ab. Ersatzweise führt Taste <F9> die Funktion aus.

Verschieben

Dateien verschieben bedeutet sie von einem Laufwerk/Verzeichnis in ein anderes zu transportieren (vgl. auch Drag-and-Drop-Verfahren Abschn. 2.5.4).

Ausführungsbeispiel:

Wechseln Sie ins Verzeichnis DOS. Wählen Sie aus dem Datei-Menü den Punkt "Auswahl aufheben", um alle bisherigen Markierungen zu löschen. Markieren Sie die Datei INFO.TXT. Dann wechseln Sie in das Stammverzeichnis, dort in die Dateiliste und wählen den Menüpunkt "**Verschieben**" im Datei-Menü oder drücken Sie die Taste <F7>. Eine Dialogbox gibt Ihnen Aufschluß über Quelle und Ziel Ihrer Transaktion. Sie können Quelle und Ziel noch ändern (Tab-Taste).

Sie können mehrere Dateien gleichzeitig bewegen, wenn Sie vor dem Menüaufruf mehrere Dateien - auch in unterschiedlichen Verzeichnissen - markieren. Voraussetzung: Im Optionen-Menü ist "Aus mehreren Dateien auswählen" eingestellt.

Kopieren

Das Kopieren von Dateien gleicht dem Vorgang des Verschiebens (vgl. oben) mit dem Unterschied, daß die Dateien im Quellverzeichnis nicht gelöscht werden. Das heißt, die kopierten Dateien bleiben im Quellverzeichnis erhalten. Den Kopiervorgang leiten Sie analog wie das Verschieben ein (vgl. dort) oder mit der Taste <F8> (vgl. auch Drag-and-Drop-Verfahren Abschn. 2.6.4).

Hinweis:
Wenn Sie öfter Dateien aus einem Verzeichnis in ein anderes kopieren, empfiehlt es sich, im Menü die Anzeige "Zweifache Dateiliste" zu wählen. Markieren Sie die gewünschten Dateien in dem/den Quellverzeichnis(sen). Gehen Sie mit dem Cursor ins Zielverzeichnis und beginnen Sie nun erst den Kopiervorgang im Datei-Menü. Das gleiche gilt für das Verschieben von Dateien.

Löschen

Dateien werden nicht inhaltlich gelöscht. Der Löschbefehl ändert Dateinamen im Inhaltsverzeichnis lediglich insoweit ab, als das erste Zeichen des Namens gegen das Zeichen σ (Nr. 229 des PC-Zeichensatzes) ausgetauscht wird. Deshalb ist eine Datei nach dem Löschen wiederherstellbar, wenn nicht anschließend eine andere Datei ihren Platz eingenommen hat (vgl. Befehl UNDELETE).

Der Löschvorgang wird nach dem schon bekannten Muster durchgeführt: Datei(en) markieren, <Entf>-Taste oder Menüpunkt Löschen wählen und <Enter> drücken oder OK anklicken. Verzeichnisse löschen Sie einzeln auf die gleichen Weise. Nur leere Verzeichnisse können gelöscht werden.

Umbenennen

Wenn Sie Verzeichnissen oder Dateien neue Namen geben wollen, gehen Sie wie folgt vor: Markieren Sie die das/die Verzeichnis/Datei(en), wählen Sie Umbenennen. Innerhalb der sich jetzt öffnenden Dialogbox geben Sie den/die neuen Namen ein.

Attribute ändern

Sie können Dateien durch Attribute kennzeichnen, die den Dateien zugeordnet werden:

Attribut	**Bedeutung**
Versteckt	Eine versteckte Datei wird im Inhaltsverzeichnis nicht angezeigt, es sei denn, Sie haben im Menü Optionen unter Dateianzeige die entsprechende Wahl getroffen. DOS findet versteckte Dateien, sie kann wie jede andere benutzt werden.
System	Mit System gekennzeichnete Dateien werden standardmäßig nicht angezeigt. Der Aufruf einer Befehlsdatei mit Systemattribut führt zur Meldung "Befehl oder Dateiname nicht gefunden", d.h., sie wird nicht ausgeführt.
Archiv	Dateien besitzen ein Archivattribut, bis diese mit einem Datensicherungsbefehl (vgl. Befehl BACKUP) kopiert werden. Wird an der Datei nach dem Sichern eine Änderung vorgenommen, so setzt DOS das Archivattribut erneut.
Schreibgeschützt	Der Schreibschutz sichert eine Datei vor dem Löschen und Überschreiben.

Verzeichnis erstellen

Sie können ein neues Unterverzeichnis nur innerhalb der Bereiche Laufwerkliste und Verzeichnisstruktur der Shell einrichten. Markieren Sie das Verzeichnis, dem Sie ein neues Verzeichnis unterordnen wollen. Wählen Sie den Menüpunkt "Verzeichnis erstellen" und geben Sie einen Verzeichnisnamen Ihrer Wahl ein. Falls Sie ein Laufwerk markiert haben, erstellt DOS das Verzeichnis auf Stammverzeichnisebene. Sie löschen Verzeichnisse mit Hilfe des Menüpunkts "Löschen".

Alles auswählen

Mit diesem Menüpunkt markieren Sie auf einen Schlag alle Dateien eines Verzeichnisses. Voraussetzung: Der Cursor befindet sich im Bereich Dateiliste. Falls Sie alle Dateien eines Verzeichnisses verschieben, kopieren, löschen, umbenennen oder deren Attribute verändern wollen, benutzen Sie diese Funktion.

Auswahl aufheben

Alle bisher an Dateien angebrachten Markierungen werden über diesen Menüpunkt entfernt.

Beenden

Die DOS-Shell ist eine Befehlsdatei, ein Programm. Mit dem Menüpunkt "Beenden" führen Sie den geregelten Abbruch des Programmablaufs herbei. Alle von Ihnen getroffenen Voreinstellungen bleiben erhalten. Sie können die DOS-Shell jederzeit mit dem Befehl DOSSHELL neu starten, z.B.:

C:\> dosshell <Enter>

2.6.3.1.2 Programm-Manager

Sie aktivieren mit dem Datei-Menü den Programm-Manager, wenn der Cursor zum Zeitpunkt des Aufrufs im Bereich Hauptgruppe (oder in einer Untergruppe, z.B. Dienstprogramme) positioniert war.

Der Programm-Manager läßt Programme ausführen und gibt Ihnen die Möglichkeit, neue Menüpunkte zur Ausführung von beliebigen Programmen bereitzustellen, Menüpunkte zu ändern, zu kopieren und umzuordnen. Mit jedem Menüpunkt ist es möglich, ein oder mehrere Programme bzw. Befehle ausführen zu lassen. Ein Menüpunkt kann aber auch eine Gruppe von Programmen zugänglich machen. Sie können sich mit dem Programm-Manager Ihre persönliche Arbeitsumgebung schaffen, indem Sie Ihre Anwendungsprogramme in die Menüpunkte der Haupt- oder Untergruppen einbinden und durch den Programm-Manager starten lassen.

Ursprünglich zeigt die Hauptgruppe drei Programmaufrufe:

Menüpunkt	Durch den Menüpunkt aktiviertes Programm
Eingabeaufforderung	COMMAND.COM (DOS-Befehlsinterpreter)
Editor	EDIT.COM (DOS-Editier-Programm)
MS-DOS QBasic	QBASIC.EXE (BASIC Übersetzer)

In der Untergruppe Dienstprogramme sind weitere Programmaufrufe vorgesehen. Hinter den Menüpunkten der Haupt- und Untergruppen verbergen sich Aufrufe von Programmdateien, die in irgendeinem Verzeichnis der Platte, z.B. \DOS, abgelegt wurden.

Innerhalb des Programm-Managers gibt es folgende Bearbeitungsmöglichkeiten:

Neu

Einen neuen Menüpunkt erzeugen Sie im Datei-Manager folgendermaßen: Sie bringen die Markierung in den Bereich Hauptgruppe oder in eine Untergruppe, dann <Alt> und <D> drücken oder "Datei" anklicken. Der dann angezeigte Punkt "*Neu*" gibt Ihnen Gelegenheit, einen neuen Menüpunkt einzufügen.

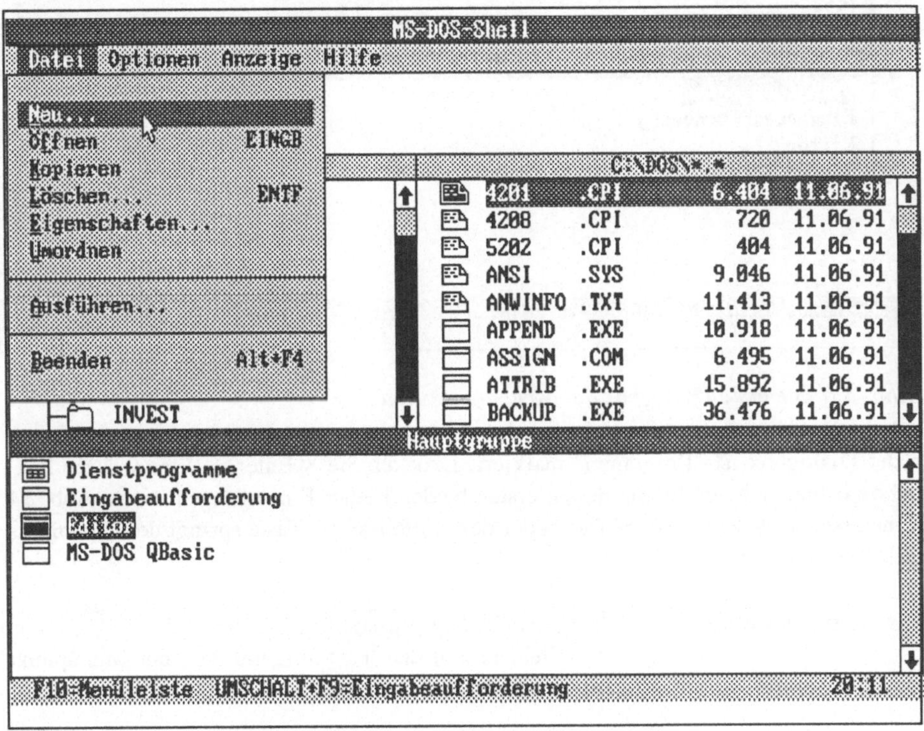

Abb. 32: Das Datei-Menü des Programm-Managers

Erstes Ausführungsbeispiel:

Der DOS-Befehl MEM (Programm MEM.EXE) gibt Ihnen einen Bericht über die Belegungssituation im Zentralspeicher. Ein Menüpunkt, der das Programm aktiviert, soll nun in der Hauptgruppe angelegt werden. Rufen Sie dazu den Programm-Manager auf, und wählen Sie Menüpunkt "*Neu*".

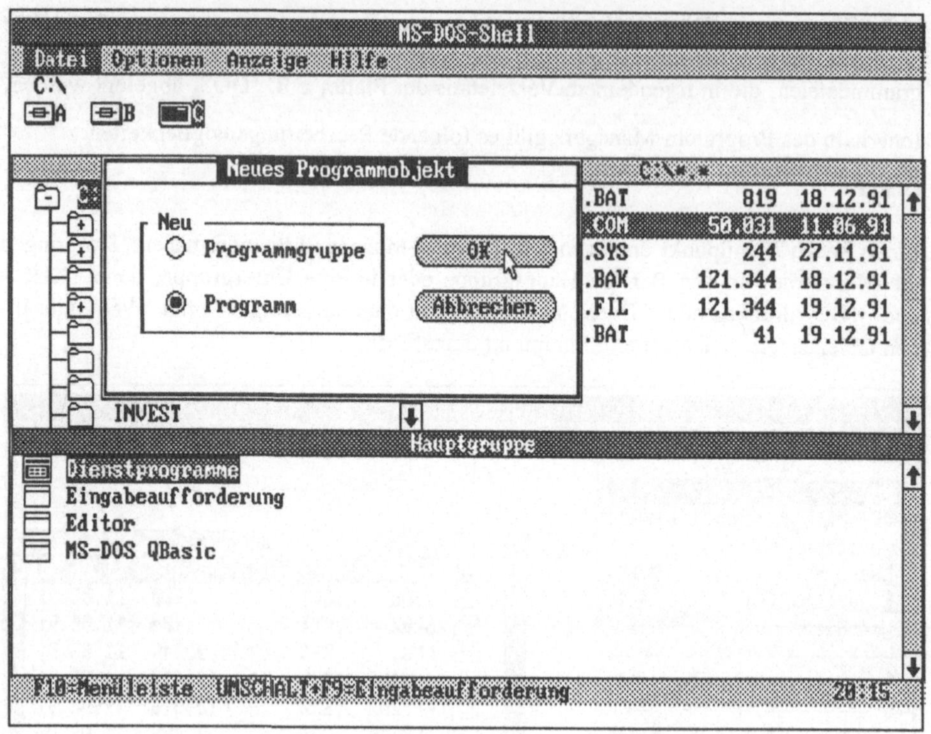

Abb. 33: Die erste Dialogbox des Menüpunkts Neu

In der Dialogbox ist "Programm" markiert. Drücken Sie <Enter>. Eine weitere Dialogbox öffnet sich, in die Sie in den ersten beiden Felder Eintragungen wie in Abb. 34 vornehmen. Mit der <Tab>-Taste oder der <Pfeil-ab>- Taste springt der Cursor das nächste Eingabefeld an.

Programmtitel Speicherbelegung prüfen
(Das Feld nimmt den Text auf, mit dem der Menüpunkt angezeigt wird.)

Befehl(e) C:\DOS\MEM
(Das Eingabefeld dient dem/den entsprechenden Programmaufruf(en) bzw. Befehl(en). Im vorliegenden Fall soll der Menüpunkt das Programm MEM.EXE aus Verzeichnis C:\DOS starten.

Die restlichen Felder lassen Sie leer. Drücken Sie dann <Enter> oder klicken Sie OK an. Jetzt erscheint der Menüpunkt in der Hauptgruppe. Wenn Sie ihn anklicken, wird das Programm MEM.EXE ausgeführt.

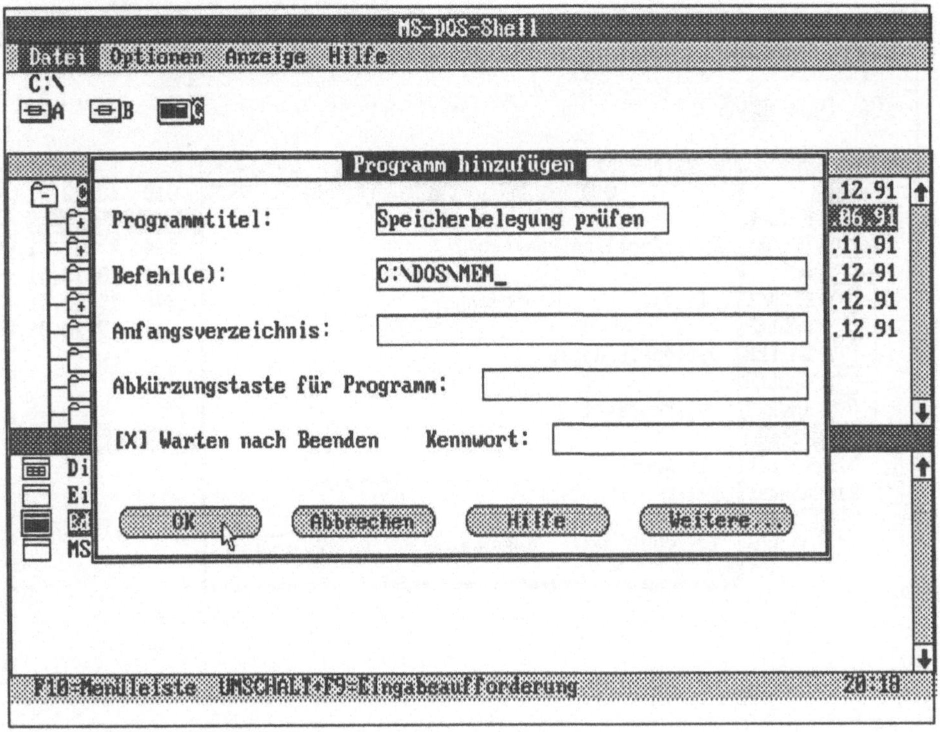

Abb. 34: Die zweite Dialogbox des Menüpunkts Neu

Alternative:

Wenn Sie über den Menüpunkt mehrere Befehle/Programme nacheinander ausführen wollen, müssen Sie in der Befehlszeile diese durch Leerstellen und Semikolons trennen, dazu ein Beispiel:

```
ECHO Momentane Arbeitspeicherbelegung: ; ECHO; C:\DOS\MEM
```

Diese Befehlsfolge bewirkt die Ausgabe eines Textes und einer Leerzeile vor der Ausführung von MEM.EXE.

Zweites Ausführungsbeispiel:

Um eine neue Gruppe von Menüpunkten einzurichten, wählen Sie nach Aufruf von "Neu" in der ersten Dialogbox mit <Pfeil-auf> "Programmgruppe". Der Titel soll "Anwendungen" sein (vgl. folgende Abbildung). "Optionale Angaben" dürfen fehlen. Schließen Sie mit <Enter> oder OK ab. Der Menüpunkt "Anwendungen" ist aufgenommen (Abb. 35).

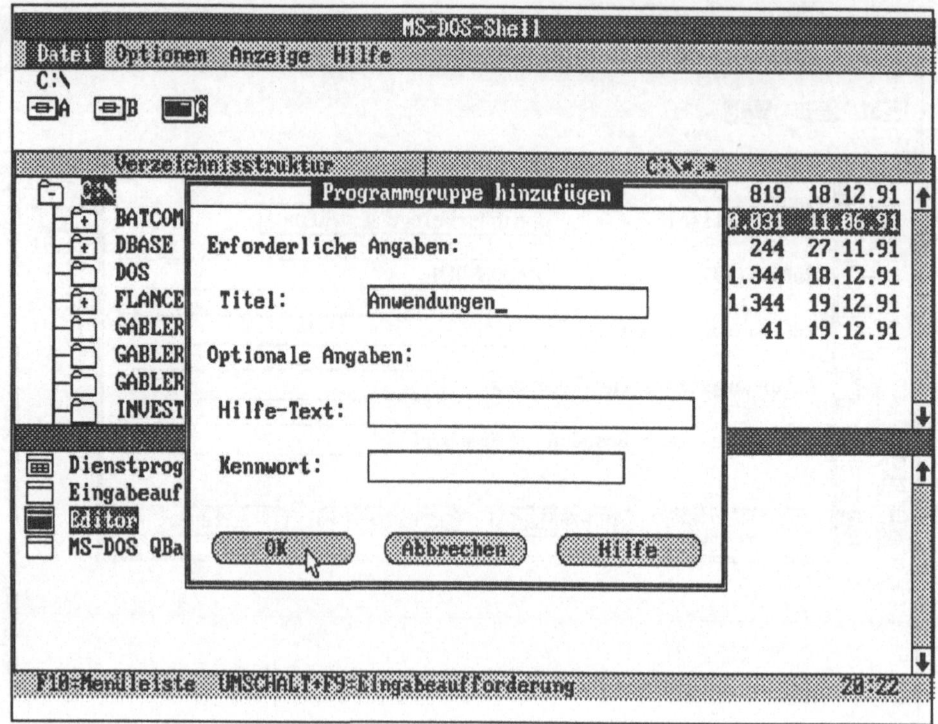

*Abb. 35: Die Dialogbox **Programmgruppe hinzufügen***

Drittes Ausführungsbeispiel:

Gehen Sie von folgender Annahme aus: Sie wollen das Textprogramm WORD 5.5 (WORD.EXE befindet sich im Verzeichnis C:\WORD) von einem Menüpunkt innerhalb der Menügruppe "Anwendungen" starten. Ihre Schriftstücke befinden sich im Verzeichnis C:\PRIVAT. Das Programm soll nicht von jedermann gestartet werden können.

Legen Sie das Verzeichnis PRIVAT auf C:\ mit dem Datei-Manager an. Rufen Sie den im vorangegangenen Ausführungsbeispiel eingerichteten Menüpunkt "Anwendungen" auf. Wählen Sie "Neu" im Datei-Manager-Menü. Die erste Dialogbox schließen Sie unverändert, d. h. mit der Markierung auf "Programm", ab. In der zweiten Dialogbox tragen Sie ein (vgl. Abb. 36):

Programmtitel	WORD mit Daten in C:\PRIVAT
Befehl(e)	C:\WORD\WORD (Aufruf von WORD.EXE im Verzeichnis C:\WORD)

Anfangsverzeichnis C:\PRIVAT
(Einstellen des Nutzdatenverzeichnisses)

Abkürzungstaste Alt+W
(Drücken Sie die Tasten <Alt>+<W>, sobald der Cursor im Eingabefeld steht. Wenn Sie später die sog. Programmumschaltung (task-switching) verwenden sollten, brauchen Sie nur noch diesen Handgriff zu tun, um WORD aufzurufen.)

Warten nach Beenden [ ]
(Im Falle des WORD-Aufrufs können Sie das X entfernen (Leerstelle oder Klick). Dann läßt das System die Aufforderung, nach Programmbeendigung eine Taste zu drücken, weg.)

Kennwort STRENG GEHEIM
(Das ist nun das Kennwort, ohne das WORD nicht gestartet werden kann.)

Viertes Ausführungsbeispiel:

In manchen Fällen müssen Sie Programm- bzw. Befehlsaufrufen Parameter mitgeben. Auch das läßt der Programm-Manager zu, wenn Sie es vorsehen. Der Befehl CHKDSK prüft eine Platte oder Diskette. Im folgenden Beispiel verwenden Sie diesen Befehl, um einen neuen Menüpunkt in der Untergruppe "Dienstprogramme" einzurichten. Als Parameter muß beim Aufruf die Laufwerkbezeichnung zusätzlich eingegeben werden.

Wählen Sie die Untergruppe Dienstprogramme. Aktivieren Sie das Programm-Manager-Menü (<Alt> + <D> oder Klick auf "Datei"). Wählen Sie "Neu" und in der ersten Dialogbox "Programm". Füllen Sie die ersten beiden Felder wie in Abb. 37 aus:

Programmtitel Datenträger prüfen
(Dieser Text erscheint als Menüpunkt)

Befehl(e) CHKDSK %1
(Der Befehl CHKDSK soll um einen Parameter ergänzt werden, der jedoch noch nicht feststeht. Die Zeichenfolge **%1** teilt dem Programm-Manager mit, daß er eine Parametereingabe vom Benutzer anfordern muß.)

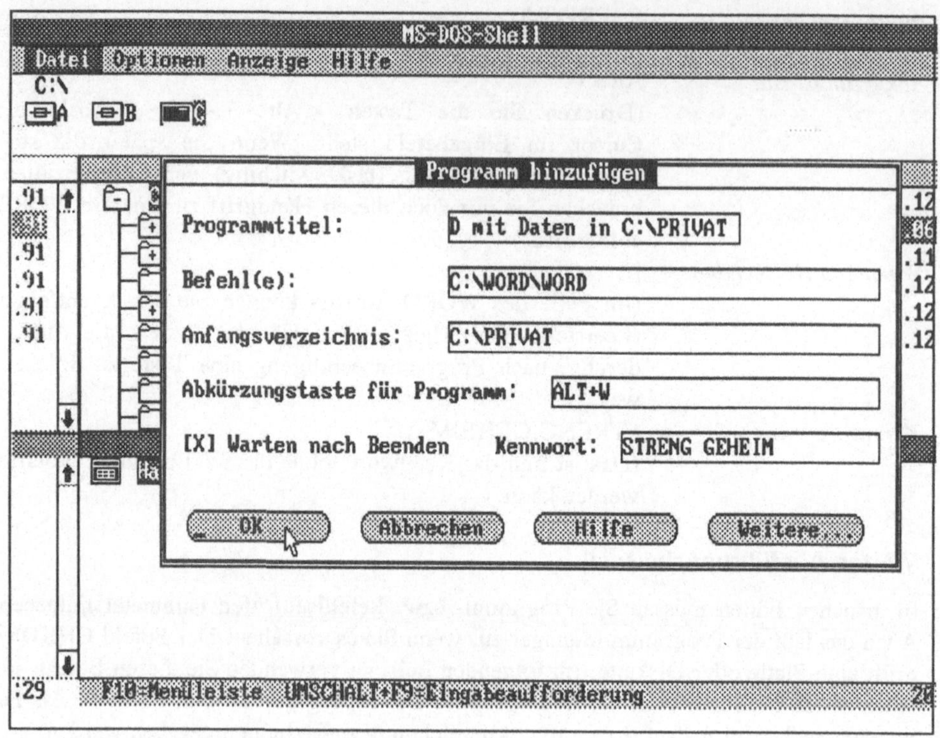

Abb. 36: Die Dialogbox ***Programm hinzufügen***

Jetzt drücken Sie <Enter>. Eine weitere Dialogbox öffnet sich, deren Felder Sie wie folgt ausfüllen (vgl. Abb. 38):

Titel des Dialogfeldes	Datenträger prüfen
Programminformation	Mit diesem Programm können Sie nur Laufwerke Ihres PC, nicht jedoch Netzlaufwerke prüfen. (Die Information teilt dem Anwender wichtige Eigenschaften des Programms mit.)
Aufforderungstext:	Laufwerk? (Hinweistext für das Eingabefeld)
Vorschlag:	C: (Hier machen Sie dem Anwender einen Parametervorschlag, den er jedoch überschreiben kann.)

Sobald Sie die Dialogbox mit <Enter> oder OK verlassen, ist der Menüpunkt kunstgerecht eingefügt.

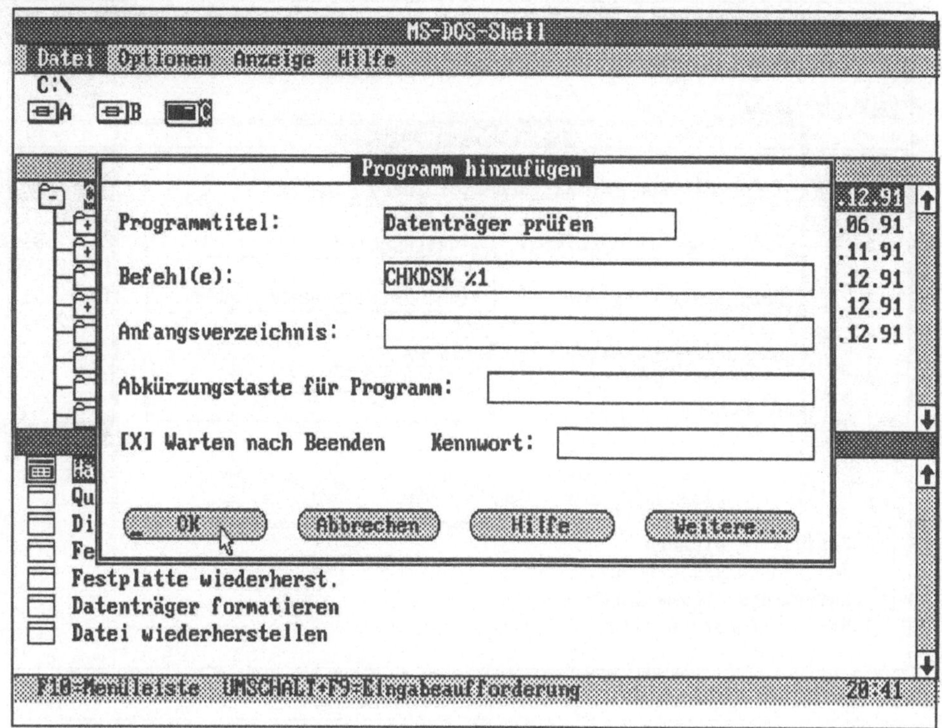

*Abb. 37: Die Dialogbox **Programm hinzufügen***

Öffnen

Einen Menüpunkt oder eine Programmdatei öffnen, heißt das Programm ausführen lassen. Dieser Menüpunkt startet das dem markierten Menüpunkt entsprechende Programm. Andere Möglichkeiten: Menüpunkt markieren und <Enter> oder Doppelklick. Oder im Datei-Manager die Programmdatei markieren und <Enter> oder Doppelklick (vgl. auch Drag-and-Drop-Verfahren Abschn. 2.6.4).

Kopieren

Sie können Menüpunkte in andere Untergruppen kopieren.

Ausführungsbeispiel:

Den Menüpunkt "Speicherbelegung prüfen", den Sie in einem der vorangegangenen Ausführungsbeispiele in der Hauptgruppe angelegt haben, sollten Sie jetzt in die Untergruppe Dienstprogramme kopieren. Markieren Sie den betreffenden Punkt und wählen Sie "Kopieren" im Datei-Menü. Dann öffnen Sie die Programmgruppe "Dienstprogramme" und drücken <F2>.

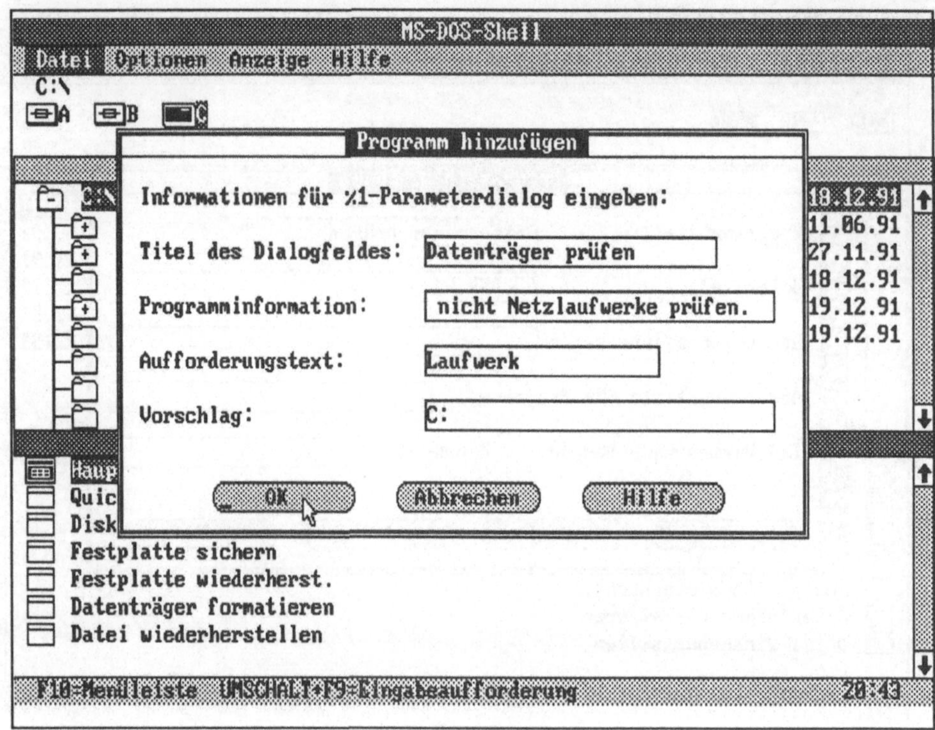

Abb. 38: Die Dialogbox für die Parameterdefinition

Löschen

Jeder Menüpunkt kann mit dieser Funktion entfernt werden. Programmgruppen müssen leer sein, um gelöscht zu werden.

Eigenschaften

Um Menüpunkte für Programme und Programmgruppen abzuändern, wählen Sie "Eigenschaften". Sie treffen dabei auf die gleichen Dialogboxen wie beim Menüpunkt "*Neu*".

Umordnen

Sie stellen die Reihenfolge der aufgelisteten Menüpunkte durch "Umordnen" um.

Ausführungsbeispiel:

Markieren Sie "QuickFormat" im Menü "Dienstprogramme". Wählen Sie "Umordnen" im Datei-Menü. Setzen Sie den Cursor auf "Hauptgruppe". Mit <Enter> oder Doppelklick fügen Sie den Menüpunkt "QuickFormat" nun hinter dem Punkt "Hauptgruppe" ein.

Ausführen

Dieser Menüpunkt des Programm-Managers ist identisch mit dem des Datei-Managers (vgl. Datei-Manager).

Beenden

Das Programm DOSSHELL wird beendet, die Steuerung geht an das DOS-Betriebssystem zurück. Am Bildschirm ist nur noch der DOS-Prompt zu sehen. Durch erneuten Aufruf von DOS-Shell wird die Benutzeroberfläche wieder aktiv.

Ausführungsbeispiel:

Im Datei-Menü wählen Sie "Beenden". Dann starten Sie die Oberfläche wieder:

```
C:\> DOSSHELL <Enter>
```

Wenn Sie mit dem Programm-Manager die auf den vorangegangenen Seiten vorgeschlagenen Menüpunkte eingerichtet haben, besitzt Ihre DOS-Shell folgende Menüstruktur:

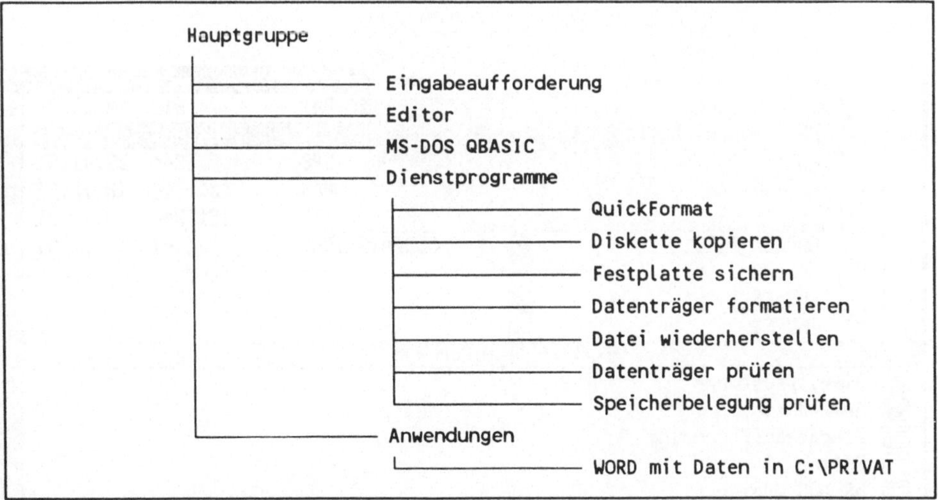

2.6.3.2 Menü Optionen

Das Optionen-Menü bietet Ihnen eine Reihe von Einstellungsmöglichkeiten der DOS-Shell. Die Einstellungen bleiben für die folgenden Sitzungen erhalten.

Bestätigen

Wenn Sie möchten, daß das System vor Lösch- und Ersetzungsvorgängen rückfragt, nutzen Sie diesen Menüpunkt. Sie können die Rückfrage an- und abschalten.

Dateianzeige

Mit den Wahlmöglichkeiten "Dateianzeige" sind Sie in der Lage, die Auswahl der angezeigten Dateien und ihre Anzeigefolge zu bestimmen. Die Eintragung *.* im Feld "Name" bedeutet, daß die Dateien unabhängig von der Namensgebung angezeigt werden.

Aus mehreren Verzeichnissen auswählen

Diese Option ermöglicht die Auswahl von Dateien aus unterschiedlichen Verzeichnissen, um sie zu kopieren, zu verschieben, zu löschen oder ihre Attribute zu ändern. Die Systemeigenschaft wird durch **Markierung aktiviert** oder **ohne Markierung** ausgeschaltet.

Informationen anzeigen

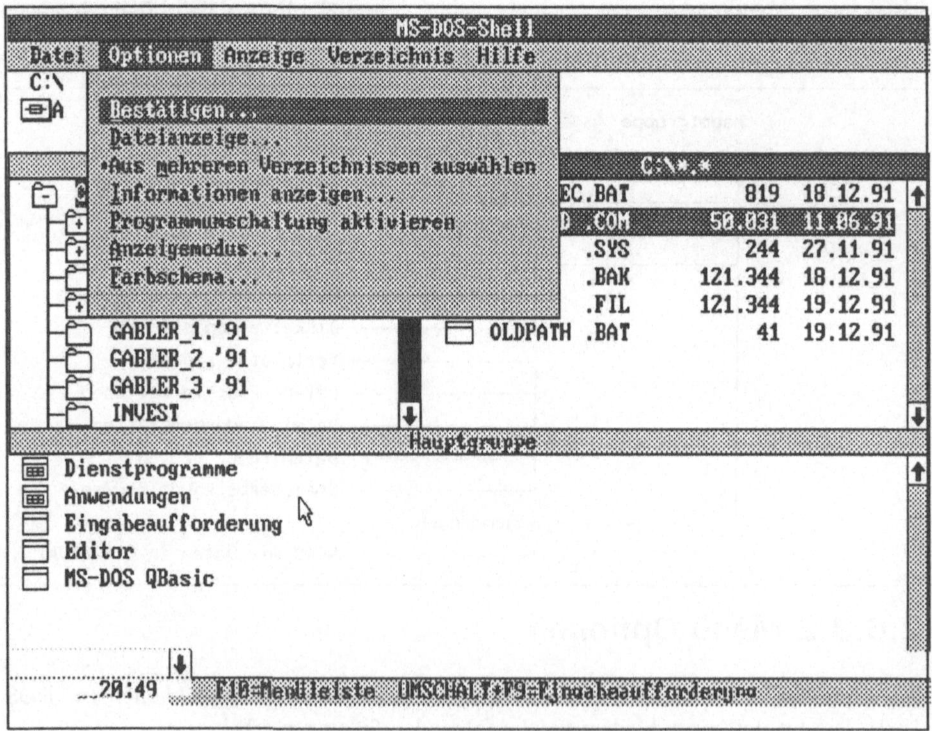

Abb. 39: Das Optionen-Menü

Die Dialogbox zeigt Informationen über die ausgewählte(n) Datei(en), das Verzeichnis und den Datenträger.

Programmumschaltung aktivieren

Hier stellt die DOS-Shell dem Benutzer einen besonderen Service bereit. Durch die Programmumschaltung, dem sog. **Task-Switcher**, schafft das System die Voraussetzung zum schnellen, problemlosen Übergang von einer Anwendung zu einer anderen. Sie sind nicht gezwungen, eine Anwendung zu beenden, bevor Sie die andere starten. Sie haben die Möglichkeit, mehrere Programme parallel zu laden. Während Sie zwischen den Programmen hin- und herschalten, wird immer nur eine Anwendung aktiv. Die anderen Anwendungen (tasks) werden augenblicklich samt ihren momentan geladenen Nutzdaten **eingefroren**. Der Datenaustausch zwischen den Anwendungsprogrammen ist dank des Task-Switchers einfacher geworden.

Für das Umschalten zwischen den Anwendungen benutzen Sie folgende Tastenkombinationen:

Tastenkombination	Handhabung und Wirkung
<Strg> + <Esc>	Vom Anwendungsprogramm zur DOS-Shell umschalten
<Alt> + <Esc>	Von einem Anwendungsprogramm zum nächsten in der Liste schalten. Das nächste Programm kann auch die DOS-Shell sein. Deshalb ist <Alt> + <Tab> oft günstiger.
<Alt> + <Tab>	Halten Sie <Alt> gedrückt, während Sie <Tab> betätigen, um ein Anwendungsprogramm zu wählen. Sobald Sie <Alt> loslassen, wird auf das zuletzt angezeigte Programm umgeschaltet.
<Umsch> + <Alt> + <Esc>	Wie <Alt> + <Esc>, jedoch in umgekehrter Reihenfolge

Erstes Ausführungsbeispiel:

Wählen Sie "Programmumschaltung aktivieren" im Optionen-Menü. Der Bildschirm öffnet im rechten unteren Teil einen neuen Bereich "Aktive Programme" (vgl. Abb. 40).

Starten Sie nun mit dem Datei- oder Programm-Manager ein Programm, z.B. Textverarbeitung WORD. Drücken Sie nun <Strg> + <Esc>. Die DOS-Shell erscheint wieder und zeigt WORD als aktives Programm. Nun starten Sie eine weitere Anwendung, z.B. dBASE. Jetzt haben Sie die Möglichkeit, mit den im Kasten auf S. 71 genannten Tastenkombinationen eine Auswahl unter den aktiven Programmen zu treffen.

Noch bequemer geht es mit der Abkürzungstaste für ein Programm, die Sie innerhalb des Programm-Managers für einen Menü-Punkt vereinbaren (vgl. Programm-Manager, Menüpunkt Neu). Unter **Abkürzungstaste** versteht der Programm-Manager Tastenkombinationen. Das sind die Tasten **<Umschaltung>**, **<Strg>** und **<Alt>** in Verbindung mit einer Buchstaben- oder Zifferntaste.

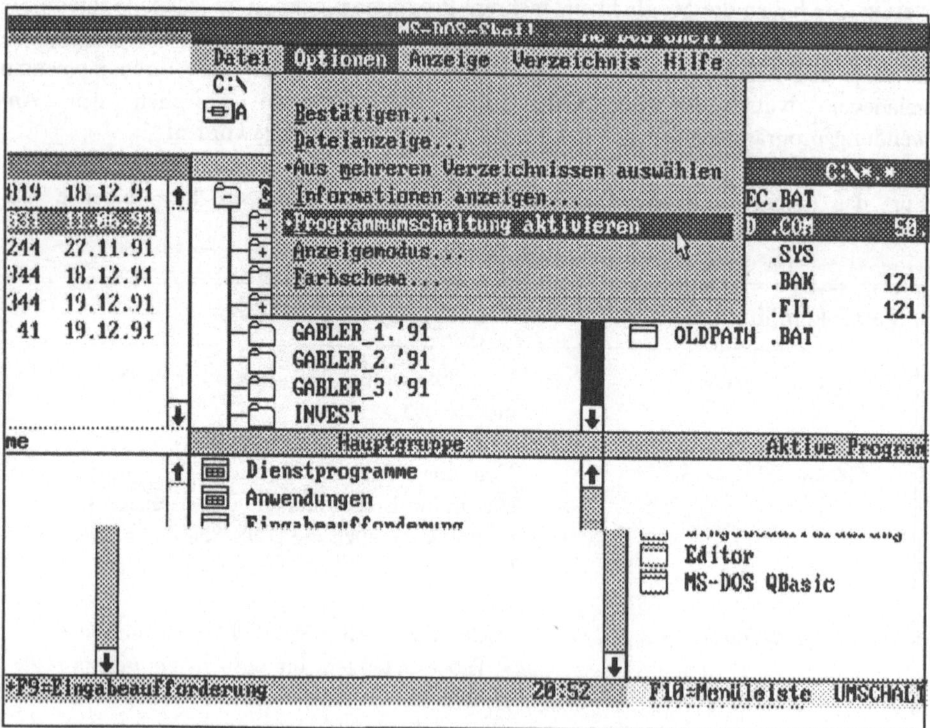

Abb. 40: Der Bereich Aktive Programme

> **Hinweis:**
> Unter der DOS-Shell setzen sich die im Programm-Manager vereinbarten Tastenkombinationen gegen evtl. gleiche der aufgerufenen Anwendungsprogramme durch. Beispiel: <Umschaltung> + <D> für den Aufruf eines Programmes bewirkt, daß Sie innerhalb eines nach diesem Programm aktivierten Textprogramms den Großbuchstaben D nicht verwenden können.

Zweites Ausführungsbeispiel:

Definieren Sie mit dem Programm-Manager zwei Menüpunkte, z.B. Textverarbeitung WORD und Datenbankverwaltung dBASE, oder Sie verwenden zweimal das gleiche Programm, jedoch mit verschiedenen Anfangsverzeichnissen. Legen Sie als Abkürzungstasten für Textverarbeitung <Alt> + <T> und z.B. für Datenbankverwaltung <Alt> + <D> fest. Starten Sie nacheinander beide Menüpunkte (hilfreich: Tasten <Strg> + <Esc> bzw. <Alt> + <Tab>, vgl. oben). Schalten Sie nun mit den entsprechenden Tastenkombinationen zwischen beiden Anwendungen hin und her, ohne die Programme zu beenden. Suchen Sie zum Abschluß die DOS-Shell mit <Strg> + <Esc> auf. Die beiden Programme bleiben aktiv.

Ist die Programmumschaltung aktiv, so können Sie auch mit <Umschaltung> + <Enter> oder <Umschaltung> und Doppelklick Anwendungen in die Liste der aktiven Programme aufnehmen, ohne die Programme sofort zu starten.

Anzeigemodus

Die DOS-Shell kann in verschiedenen Text- und Grafikmodi arbeiten. Die Anzahl der möglichen Modi hängt von Ihrer Grafikkarte ab.

Farbschema

Wenn Sie einen Farbbildschirm besitzen, können Sie hier die gewünschte Farbkombination wählen.

2.6.3.3 Menü Anzeige

Im Anzeige-Menü entscheiden Sie sich für verschiedene Aufteilungen Ihres Bildschirms:

Menüpunkt	Bedeutung
Einfache Dateiliste	Die Verzeichnisstruktur eines Datenträgers und der Inhalt eines Verzeichnisses werden angezeigt.
Zweifache Dateiliste	Sie können damit zwei verschiedene Datenträger und Verzeichnisse gleichzeitig anzeigen lassen. Beim Verschieben und Kopieren von Dateien wird diese Anzeige bevorzugt (vgl. Datei-Manager: Verschieben, Kopieren).
Nur Dateien	Die Liste zeigt auf der rechten Seite zusammenhängend alle Dateien aller Verzeichnisse des Datenträgers. Links stehen alle Informationen über die markierte Datei.

Programme und Dateien	Standardanzeige
Nur Programme	Nur Programme und Programmgruppen sind zu sehen.
Anzeige neu aufbauen	Setzt die Anzeige auf den Ausgangszustand zurück, z.B. alle Bildlaufleisten.
Aktualisieren	Die Dateilisten werden aufgefrischt. Hat z.B. ein Anwendungsprogramm eine Datei im aktuellen Verzeichnis abgelegt, zeigt dies die DOS-Shell nicht unmittelbar an. Zuvor müssen erneut die gesamten Verzeichnis- und Dateiinformationen des Datenträgers gelesen werden.

2.6.3.4 Menü Verzeichnis

Die Anzahl der sichtbaren Verzeichnisebenen im Bildschirmbereich Verzeichnisstruktur ist variabel. Sie können die Staffelungstiefe des markierten Verzeichnisses selbst bestimmen. Wenn Sie die Maus oder die Tastatur zu Hilfe nehmen (zu Tasten vgl. Pull-Down-Menü), geht die Umstellung schneller vonstatten.

2.6.3.5 Menü Hilfe

Im Hilfe-Menü erhalten Sie Hinweise zu Grundlagen im Umgang mit der DOS-Shell, zur Tastatur, zu Befehlen, Verfahren usw. Die DOS-Shell-Hilfe erhalten Sie auch gezielt zur aktuellen Arbeitssituation, wenn Sie <F1> drücken.

2.6.4 Das Drag-and-Drop-Verfahren

Das Drag-and-Drop-Verfahren (drag and drop = ziehen und fallen lassen) kann nur mit Maus oder Trackball durchgeführt werden, nicht mit der Tastatur. Es bietet eine elegante Alternative zu den anderen Methoden, Dateien zu verschieben, zu kopieren oder Programme zu starten. Die Funktion kann mit allen Anzeige-Modi (Auswahl aus der Menüleiste: Anzeige), außer mit dem Modus "Nur Programme", ausgeführt werden. Häufig ist der Modus "Zweifache Dateiliste" der günstigste. Die folgenden Beispiele gehen von diesem Modus aus.

2.6.4.1 Dateien verschieben

Eine der einfachsten Übungen ist das Verschieben von einer oder mehreren Dateien. Leiten Sie den Vorgang mit der Auswahl des Menüpunktes "Auswahl aufheben" im Dateimenü ein. Markieren Sie eine oder mehrere Dateien in der Dateiliste, aus der Dateien verschoben werden sollen. Nun halten Sie in dem entsprechenden Fenster die linke Maustaste gedrückt und ziehen Sie mit der Maus auf das Zielverzeichnis.

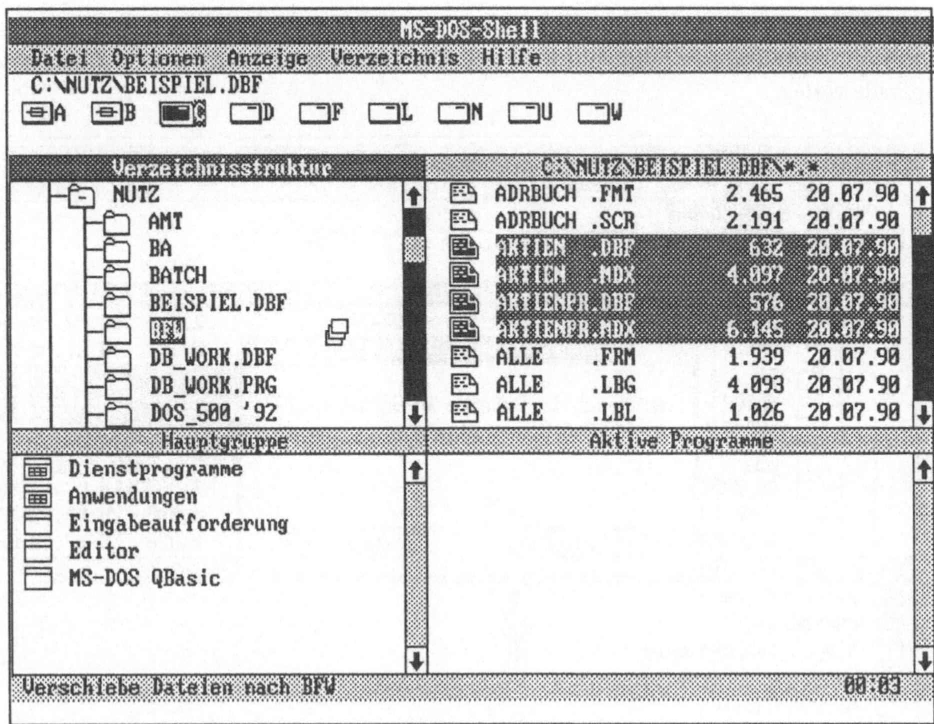

Abb. 41: Erste Phase des Drag-and-Drop

Das Symbol "Dokument" oder "Stapel von Dokumenten" zeigt an, ob Sie eine oder mehrere Dateien verschieben. Lassen Sie die Maustaste los, sobald das gewünschte Zielverzeichnis markiert erscheint.

Ein Dialogfenster öffnet sich. Wenn Sie nun die Schaltfläche "Ja" anklicken, wird der Vorgang abgeschlossen. Anschließend teilt Ihnen das System mit, welche Dateien es gerade verlegt.

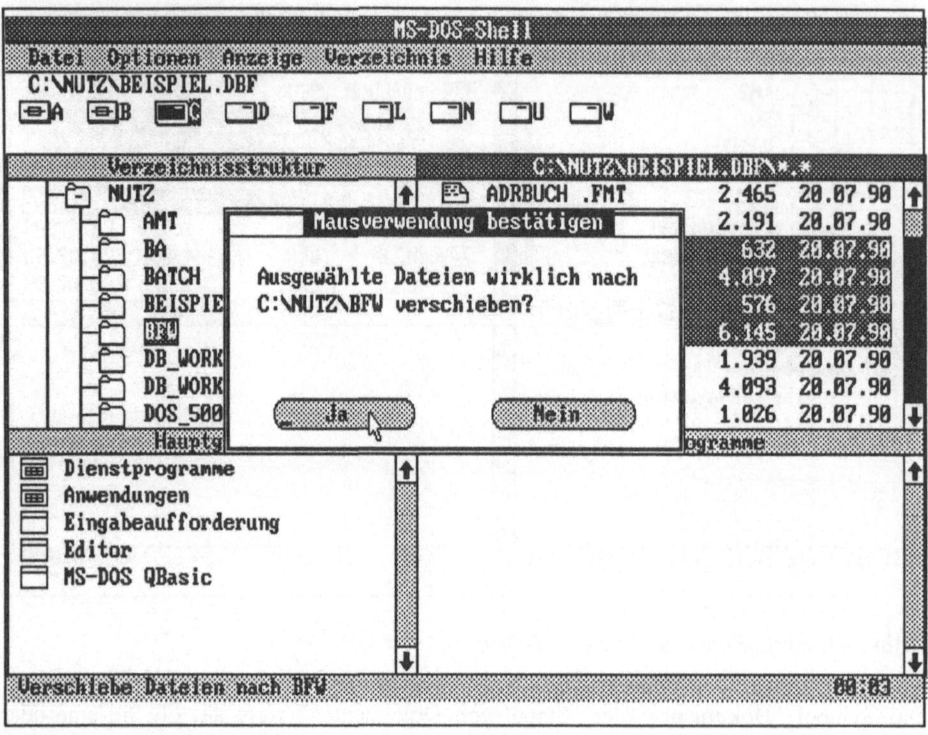

Abb. 42: Zweite Phase des Drag-and-Drop, Anzeige des Verschiebevorgangs

2.6.4.2 Dateien kopieren

Auf die gleiche Weise wie beim Verschieben gehen Sie beim Kopieren vor. Einziger Unterschied: Bevor und während Sie die linke Maustaste betätigen, halten Sie zusätzlich die Taste <Strg> gedrückt, bis das Dialogfenster den Kopiervorgang ankündigt. Im Beispiel wird eine Date vom Verzeichnis C:\ARBEIT in das Verzeichnis D:\GABLER\AKTUELL kopiert.

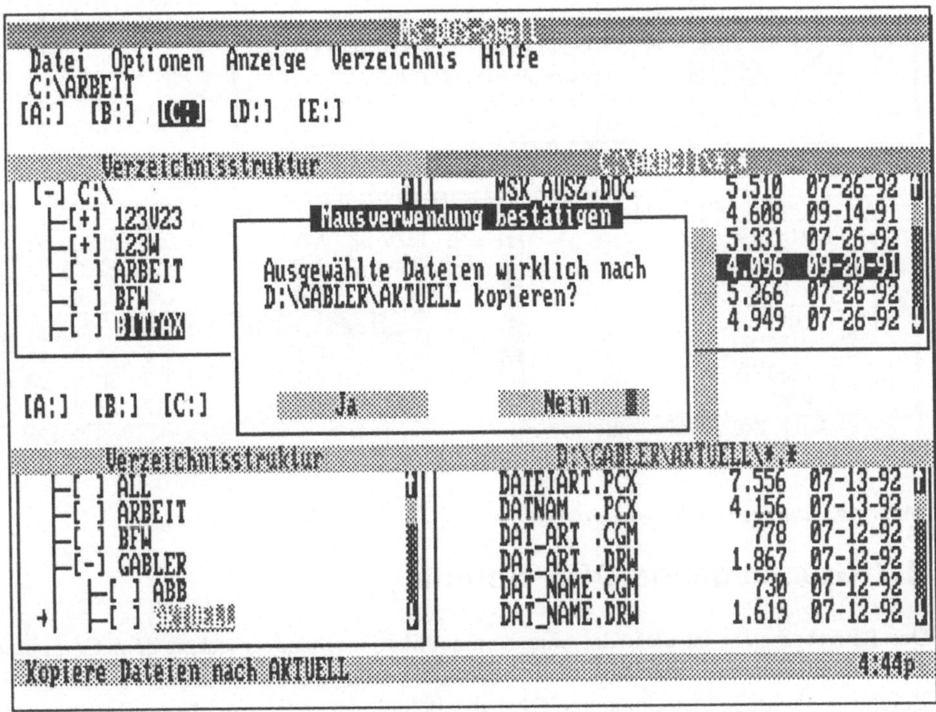

Abb. 43: Kopieren mit dem Drag-and-Drop Verfahren

2.6.4.3 Programme mit Nutzdateien verknüpfen

Sie können Drag-and-Drop auch dazu benutzen, ein Programm so zu starten, daß es eine entsprechende Nutzdatei sofort lädt. Führen Sie den folgenden Versuch im Verzeichnis DOS durch. Wählen Sie die Datei INFO.TXT aus. Halten Sie die linke Maustaste gedrückt, während Sie das Symbol zur Datei EDIT.COM führen. Dort lassen Sie die Maustaste los, worauf sich ein Dialogfenster öffnet. Nun können Sie durch Anklicken der Schaltfläche Ja den Vorgang abschließen. Im folgenden Beispiel wird eine zuvor mit dem Textprogramm WORD angelegte Datei (DOS_50.TXT) durch das Programm WORD.EXE erneut geladen.

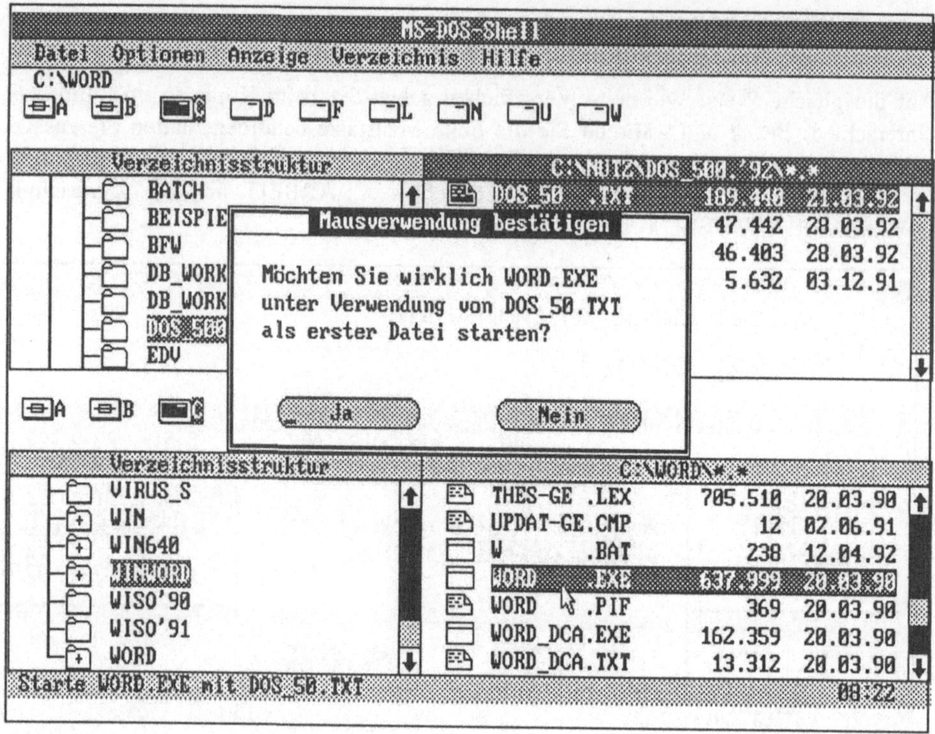

Abb. 44: Anzeige des Ladevorgangs

2.7 Grundlegende DOS-Befehle

Das Betriebssystem ist dazu da, eine Kommunikationsebene zwischen dem Computer und seinem Benutzer zu schaffen. Der Benutzer kann mit dem Betriebssystem durch **Befehle** verkehren. Der Computer führt die Befehle aus oder macht den Benutzer auf Eingabefehler aufmerksam. Zwischen Benutzer und Betriebssystem entwickelt sich ein **Dialog**.

DOS-Befehle rufen Dienstprogramme des Betriebssystems auf. Es kann sich dabei um **interne** (residente) oder **externe** (transiente) Befehle handeln. Interne Befehle lädt das Betriebssystem beim Systemstart automatisch in den Zentralspeicher, während externe Befehle für den jeweiligen Gebrauch immer von der Platte abgerufen werden.

Hinweise:

DOS-Befehle gibt der Benutzer am DOS-Prompt (Systemanfrage, Eingabeanforderung) ein. Falls Sie mit der DOS-Shell - der Benutzeroberfläche des DOS - gestartet sind, gelangen Sie über den Menüpunkt "Eingabeanforderung" der Hauptgruppe oder über das Datei-Menü, Punkt "Beenden" zur DOS-Befehlsebene.

In den Abschnitten 2.6 bis 2.8 werden die wichtigsten DOS-Befehle erläutert. Die Auswahl orientiert sich an Erfahrungen aus dem Alltag des "Normalanwenders".

In den folgenden Befehlsbeispielen gehen die Autoren von einem PC mit zwei Diskettenlaufwerken (A: und B:) und einem Festplattenlaufwerk (C:) aus. Ist Ihr PC mit nur einem Diskettenlaufwerk A: und einer Festplatte C: ausgestattet, müssen Sie in einigen Beispielen das Laufwerk B: durch C: ersetzen.

Bei der Eingabe von Befehlen macht DOS keinen Unterschied zwischen Klein- und Großbuchstaben. Einige Befehle fordern zusätzliche Eingaben des Benutzers an.

In den folgenden Darstellungen der DOS-Befehlsformate sind Befehlszusätze in eckigen Klammern angegeben. Der Befehl wird auch ohne Eingabe dieser Zusätze richtig ausgeführt. Die Zusätze dienen dazu, den Befehlsablauf auf die aktuellen Bedürfnisse des Benutzers abzustimmen, d.h. das Ergebnis anzupassen. Auf die Befehlszusätze, sog. **Parameter**, wird in den folgenden Abschnitten nur insoweit eingegangen, als dies den Autoren für die Alltagspraxis mit MS-DOS dienlich erschien.

Der Hinweis **intern** bzw. **extern** gibt Aufschluß darüber, ob die Befehle beim Systemstart im Arbeitsspeicher resident geladen wurden (intern) oder von der Platte zur Ausführung geladen werden müssen (extern). Der Aufruf externer Befehle kann die Systemnachricht "Falscher Befehl oder Dateiname" verursachen. In diesem Fall wurde der Befehl nicht gefunden. Interne Befehle werden auch ***resident***, externe ***transient*** genannt.

In den folgenden Abschnitten werden DOS-Befehle in sachlogischer Folge behandelt, d.h. Befehle für einfache Verarbeitungsfunktionen zuerst und verwandte Befehle nacheinander. Wenn Sie alphabetisch nachschlagen wollen, benutzen Sie das Sachwortverzeichnis, in dem alle Befehle aufgelistet sind.

2.7.1 Verzeichnis anzeigen (DIR)

DIR [Pfad][Datei] [/B][/L][/P][/W][/S][/A:Attribut][/O:Sortierfolge] (intern)

Alle auf einer Platte gespeicherten Dateien registriert DOS im Platteninhaltsverzeichnis. Der Befehl **DIR** zeigt Ihnen, welche Dateien Sie auf der Diskette/Platte besitzen. DIR ist die Abkürzung von directory (Verzeichnis).

Als Befehlszusätze können Sie einen Pfad (Laufwerk und/oder Verzeichnisangabe) und die Dateibezeichnung eingeben. Weitere Parameter dienen der selektiven und sortierten Darstellung.

Ausführungsbeispiel:

```
C:\>dir a:
 Datenträger in Laufwerk A ist GABLER
 Datenträgernummer: 314D-07C8
 Verzeichnis von A:\

AUTOEXEC BAT      341  28.05.91  22.12
CONFIG   SYS      114  28.05.91  21.31
ANSI     SYS     9149  13.04.89  12.00
ASSIGN   COM     5769  13.04.89  12.00
ATTRIB   EXE    18279  13.04.89  12.00
BACKUP   COM    37136  13.04.89  12.00
CHKDSK   COM    18443  13.04.89  12.00
COMMAND  COM    38594  13.04.89  12.00
COMP     COM     9603  13.04.89  12.00
COUNTRY  SYS    12838  . . .
                                usw.
```

Abb. 45: Ausführung des DIR-Befehl für das Laufwerk A:

Parameter und ihre Wirkung für die Anzeige:

/B Dateinamen ohne weitere Informationen
/L Dateinamen in Kleinschreibung
/P Anzeige erfolgt bildschirmweise
/S Anzeige mit allen Unterverzeichnissen
/W Breite Darstellung ohne weitere Informationen
/A Nur Dateien mit dem/den angegebenen Attribut(en) werden angezeigt. Ein Minuszeichen vor den Attributen kehrt die Wirkung um.

Attribute	**Selektion**
A	Ungesicherte Dateien (archiv)
D	Nur Verzeichnisse (directory)
H	Versteckte Dateien (hidden)
R	Schreibgeschützte Dateien (read only)
S	Systemdateien (system)

/O Legt das Sortierkriterium fest. Ein Minuszeichen vor der Option kehrt die Sortierfolge um.

Option	**Sortierung**
D	Nach Datum und Uhrzeit, ältere Dateien zuerst
E	Nach Dateinamenserweiterung
G	Verzeichnisse am Anfang
N	Nach Dateiname
S	Nach Dateigröße, kleinere Dateien zuerst.

Beispiele DOS-Befehle:	**Systemreaktion:**
`C:\> dir b:autoexec.bat`	Das Verzeichnis der Diskette B: wird nur hinsichtlich der Datei AUTOEXEC.BAT angezeigt.
`C:\> dir a: /:s`	Nur die Systemdateien auf der Diskette in Laufwerk A: werden angezeigt.
`C:\> dir /p/o:-d`	Das Verzeichnis wird bildschirmweise mit den jüngeren Dateien zuerst angezeigt.
`C:\> dir \dos /w`	Das Verzeichnis \DOS auf C: wird in breiter Darstellung gezeigt.
`C:\> dir /a:h /o:s`	Zeigt alle versteckten Dateien nach ihrer Größe sortiert.

Einzelne Dateien und Dateigruppen anzeigen

Der DIR-Befehl kann, wie einige weitere DOS-Befehle, auf einzelne Dateien und auf Gruppen von Dateien angewendet werden. Um Dateigruppen zu bilden, benutzt man sog. **Platzhalter** oder **Joker**. Der Platzhalter * (Stern, engl. asterisk) steht für beliebige Zeichen in einem Dateinamen oder einer Erweiterung. Beispiele für die Zusammenfassung von Dateien zu Dateigruppen:

```
Einzelne Dateien              Dateigruppe

BRIEF.TXT                     ┐
MAHNUNG.TXT                   ├  *.TXT
ANGEBOT.TXT                   ┘

FRIST.SIK                     ┐
FREITAG.BAK                   ├  FR*.*
FROHSINN.$$$                  ┘
```

Alle Dateien eines Inhaltsverzeichnisses faßt man durch den Ausdruck *.* zusammen. Ein weiterer Platzhalter, das ? (Fragezeichen), ersetzt nur ein einzelnes Zeichen.

```
Einzelne Dateien              Dateigruppe

VERTRAG1.TXT                  ┐
VERTRAG2.TXT                  ├  VERTRAG?.TXT
VERTRAG3.TXT                  ┘
```

Um einzelne Dateien oder Dateigruppen des Verzeichnisses anzuzeigen, schreiben Sie die Dateibenennung direkt hinter den DIR-Befehl. Die Dateibenennung kann eine einzelne Datei oder eine Dateigruppe sein, wie die folgenden Beispiele zeigen.

Weitere DOS-Befehle:	**Systemreaktion:**
`C:\> dir *.com`	Anzeige aller Dateien mit der Erweiterung .COM
`C:\>dir uni*.txt`	Anzeige aller Dateien, deren Name mit UNI beginnt und deren Erweiterung .TXT lautet.
`C:\> dir b:*.txt /p/o:n`	Bildschirmweise Anzeige aller Dateien im Stammverzeichnis von B: mit der Namenserweiterung .TXT nach Namen sortiert.
`C:\> dir bfa* /o:-d /s`	Anzeige aller Dateien im Stammverzeichnis von C: und allen Unterverzeichnissen, die mit den 3 Zeichen BFA anfangen, in umgekehrter Reihenfolge ihres Datums.
`C:\> dir *.`	Anzeige aller Dateien und Verzeichnisse ohne Namenserweiterung

2.7.2 Datum und Zeit einstellen (DATE, TIME)

Datum einstellen

DATE	**(intern)**

Erstellen oder verändern Sie eine Datei, wird sie unter Systemdatum und -zeit gespeichert. Der Befehl **DATE** gestattet Ihnen, das Datum zu verändern. Mit diesem Befehl können Sie auch den zu einem bestimmten Datum passenden Wochentag abfragen (Kalenderfunktion).

Ausführungsbeispiel:

```
C:\> date
Datum: Sa, 02.11.1992
Neues Datum (TT.MM.JJ): 08.12.92
```

Abb. 46: Datum ändern

Zeit einstellen

TIME	**(intern)**

Die Systemzeit des PC kann mit dem Befehl **TIME** abgefragt und verändert werden.

Ausführungsbeispiel:

```
C:\> time
Gegenwärtige Uhrzeit: 12:07:10,73
Neue Uhrzeit: 11.07
```

2.7.3 Diskette/Platte formatieren (FORMAT)

FORMAT Laufwerk: [/F:Größe] [/Q][/S]	**(extern)**

Auf fabrikneuen Disketten/Platten kann Ihr PC nicht ohne weiteres schreiben und lesen. Weil es zu viele verschiedene Formate gibt, legen die Hersteller nicht von vornherein fest, wie viele Spuren und Sektoren eine Diskette besitzen soll. Das müssen Sie mit dem Befehl **FORMAT** besorgen. Dabei wird auf der Diskette/Platte auch ein Inhaltsverzeichnis und eine Dateibelegungstabelle angelegt, damit das System alle Dateien nach ihrem Namen und ihrem Standort auf der Diskette/Platte registrieren kann.

Insgesamt gibt es beim FORMAT-Befehl neben der zwingend notwendigen Laufwerksangabe 10 verschiedene alternative Parameter. Doch mehr als die 3 hier vorgestellten Parameter werden Sie nicht brauchen.

Parameter:

/F:*Größe* Jedes Diskettenlaufwerk wird eine Diskette in der maximalen Kapazität formatieren, für die es ausgelegt ist. Falls Sie abweichende Formate wünschen, müssen Sie dies dem FORMAT-Befehl mitteilen (vgl. ausführliche Beschreibung weiter unten). Für **Größe** können Sie folgende Kapazitätsangaben setzen: 360, 720, 1220 (oder 1.2), 1440 (oder 1.44), 2880 (oder 2.88)

/S Nach dem Formatieren werden automatisch die Systemdateien übertragen (s. ausführliche Beschreibung weiter unten).

/Q Eine bereits formatierte Diskette/Platte wird reformatiert. Das bedeutet, alle darauf befindlichen Dateien und Verzeichnisse sind anschließend gelöscht. Die Diskette/Platte behält das ursprünglich angelegte Format.

Nutzdatendiskette formatieren

Der in der Praxis häufigste Fall ist die Formatierung von Nutzdatendisketten. Dies sind i.d.R. Disketten, auf denen Sie Ihre Dateien sichern oder weitergeben. Die Angabe eines Parameters erübrigt sich in den meisten Fällen.

Ausführungsbeispiel:

```
C:\> format a:
Neue Diskette in Laufwerk A: einlegen
und anschließend die EINGABETASTE drücken...

Prüfe bestehendes Datenträger-Format.
Formatiere 1.44 MB
100 Prozent des Datenträgers formatiert
  Formatieren beendet

Datenträgerbezeichnung (11 Zeichen, EINGABETASTE für keine)? Gabler '91

  1457664 Byte Gesamtspeicherbereich
  1457664 Byte auf dem Datenträger verfügbar

      512 Byte in jeder Zuordnungseinheit
     2847 Zuordnungseinheiten auf dem Datenträger verfügbar

Datenträgernummer: 2C2A-13E9
Eine weitere Diskette formatieren (J/N)? n
```

Abb. 48: Formatieren einer Nutzdatendiskette in Laufwerk A:

MS-DOS formatiert eine Diskette immer mit der größtmöglichen Kapazität des betreffenden Laufwerks. Im Beispiel wurde eine 1,44MB-Diskette von hoher Dichte (Aufdruck 2HD oder 2S/HD, Two/double-sided High Density) in einem 3,5" Laufwerk formatiert. Diese Disketten herrschen heute bei PCs mit Prozessoren ab der Klasse 80286 (AT und NEAT-Klasse) vor. Mit DOS 5.0 kam das Format der 2,8MB-Diskette neu hinzu. Bei einigen Modellen dieser Klasse gibt es auch 5,25"-Laufwerke mit 1,2MB maximaler Kapazität (Aufdruck MD2-HD, 2HD oder 2S/HD). Oft werden beide Laufwerktypen in einen PC eingebaut. In beiden Fällen formatieren Sie völlig ohne Angabe von zusätzlichen Parametern (wie oben), solange Sie HD-Disketten benutzen. Die Laufwerkangabe ist jedoch obligatorisch.

Typisch für die PCs der XT-Klasse (Prozessoren 8086, 8088, 80C88) sind Laufwerke mit doppelter Dichte in beiden Größen 5,25" (360KB) und 3,5" (720KB). Dort formatieren Sie nur Disketten mit der Kennzeichnung 2DD, 2S/DD, DS/DD oder 2S/2D (Two/double-sided Double Density). Auch in diesem Fall erübrigt sich eine zusätzliche Parameterangabe.

DD-Disketten sind billiger als HD-Disketten. Sie können jedoch nur einen Teil der Datenmenge ihrer leistungsfähigeren Schwestern speichern. Trotzdem gibt es Gründe, DD-Disketten zu benutzen, auch wenn der PC mit einem HD-Laufwerk ausgestattet ist:

- Sie wollen nur geringe Datenmengen speichern, z.B. für den Versand.
- Sie wollen Daten von einem PC mit HD-Laufwerk auf einen PC mit DD-Laufwerk übertragen.

In diesem Falle geben Sie zusätzliche Parameter an, und zwar bei 5,25"-DD-Disketten Parameter */F:360* (in früheren DOS-Versionen */4*) und für 3,5"-DD-Disketten Parameter */F:720* (in früheren DOS-Versionen */N:9 /T:80*, für 9 Sektoren, 80 Spuren).

Ausführungsbeispiel:

```
C:\> format a: /f:720
Neue Diskette in Laufwerk A: einlegen
und anschließend die EINGABETASTE drücken...

Prüfe bestehendes Datenträger-Format.
Formatiere 720 KB
100 Prozent des Datenträgers formatiert
  Formatieren beendet

Datenträgerbezeichnung (11 Zeichen, EINGABETASTE für keine)? Gabler '91

  730112 Byte Gesamtspeicherbereich
  730112 Byte auf dem Datenträger verfügbar

    1024 Byte in jeder Zuordnungseinheit
     713 Zuordnungseinheiten auf dem Datenträger verfügbar

Datenträgernummer: 065B-1901

Eine weitere Diskette formatieren (J/N)?n
```

Abb. 49: Formatieren einer DD-Diskette in einem 3,5" HD-Laufwerk

Das Beispiel zeigt die Formatierung einer 720KB-Diskette in einem 1,44MB-HD-Laufwerk. Eine Zuordnungseinheit (engl. cluster) ist eine aufeinanderfolgende Gruppe von Sektoren. Eine Datei wird immer in Clustern gespeichert. Auch die kleinste Datei belegt mindestens einen Cluster. Die 720KB-Diskette besitzt Cluster von 2 Sektoren Länge (=1024B). Bei dieser Diskette hätte eine Datei von 1 Zeichen Länge den gleichen Platzbedarf wie eine von 1024 Zeichen. Eine Datei mit 1025 Zeichen würde schon 2 Cluster beanspruchen. Die 1,44MB-Diskette verwaltet Daten rationeller, dort ist ein Cluster nur 1 Sektor (= 512 Byte) groß (vgl. oben).

Typ	Format	HD-Laufwerk	Parameter in DOS 5.00	Alternativ-parameter
2S/DD	360KB	5,25"	/F:360	/4 (ab DOS 3.0)
2S/HD	1,2MB	5,25"	/F:1.2	keiner
2S/DD	720KB	3,5"	/F:720	/N:9 /T:80 (ab DOS 3.3)
2S/HD	1,44MB	3,5"	/F:1.44	keiner
2S/HD	2,88MB	3,5"	/F:2.88	keiner

Abb. 50: Diskettenformate und FORMAT-Parameter bei der Formatierung in HD-Laufwerken

Boot-Diskette formatieren

Es empfiehlt sich jedem Benutzer, eine ladefähige Diskette (sog. Boot-Diskette, engl. boot = Stiefel) in der Schublade zu haben. Dafür gibt es Gründe:

- Es wurden versehentlich oder absichtlich wichtige Systemdateien auf C: gelöscht oder umbenannt. Ein Start über die Festplatte gelingt nicht mehr.
- Die Festplatte C: hat einen nicht behebbaren Fehler. Sie muß ausgetauscht werden.

Mit einer Boot-Diskette können Sie Ihren PC trotzdem starten und verwenden. Dazu sollten Sie nicht die Original-Betriebssystemdiskette einsetzen, die gehört in den verschließbaren Schrank für die Lizenzprogramme.

Eine Boot-Diskette besitzt mindestens 3 Betriebssystemdateien. Beim PC sind das die Dateien: COMMAND.COM, IO.SYS (IBMBIO.COM) UND MSDOS.SYS (IBMDOS.COM). Die beiden letzten sind verborgene Dateien. Der Parameter **/S** veranlaßt die automatische Übernahme dieser Dateien beim Formatieren.

Ausführungsbeispiel:

```
C:\> format a: /s
Neue Diskette in Laufwerk A: einlegen
und anschließend die EINGABETASTE drücken...

Prüfe bestehendes Datenträger-Format.
Formatiere 1.44 MB
  100 Prozent des Datenträgers formatiert
Formatieren beendet
Systemdateien übertragen

Datenträgerbezeichnung(11 Zeichen, EINGABETASTE für keine)?

    1457664 Byte Speicherplatz auf dem Datenträger insgesamt
     121856 Byte vom System benutzt
       2560 Byte in fehlerhaften Sektoren
    1333248 Byte auf dem Datenträger verfügbar

        512 Byte in jeder Zuordnungseinheit
       2604 Zuordnungseinheiten auf dem Datenträger verfügbar

Datenträgernummer: 0C11-14CF

Eine weitere Diskette formatieren (J/N)?n
```

Abb. 51: Formatieren einer Boot-Diskette

Beim Formatieren hat das System 5 fehlerhafte Sektoren (= 2560 Byte) ausgemacht. Kein Grund zur Panik, die Diskette ist brauchbar. Das System verwendet die fehlerhaften Sektoren nicht. Das Beispiel zeigt, daß 121856 Byte (= 119KB) vom Betriebssystem belegt wurden. Es handelt sich hier lediglich um die oben genannten 3 Dateien.

Um die Diskette wirklich gebrauchsfähig zu machen, müssen Sie nun noch weitere Dateien auf die Diskette kopieren (vgl. COPY-Befehl, Abschn. 2.8). Um mit landesüblichen Anpassungen starten zu können, brauchen Sie folgende Dateien im Stammverzeichnis der Diskette:

AUTOEXEC.BAT
COMMAND.COM
CONFIG.SYS
COUNTRY.SYS
KEYB.COM
KEYBOARD.SYS

Die Datei CONFIG.SYS sollte mindestens den folgenden Befehl beinhalten:

COUNTRY=049

Die Datei AUTOEXEC.BAT sollte wenigstens die folgenden beiden Befehle aufweisen:

PROMPT PG
KEYB GR

Sie erstellen diese Dateien mit dem Texteditor (vgl. DOS-Shell) oder mit WORD.

Hinweis:
Falls es Ihnen nicht auf Anhieb gelingen sollte, eine Boot-Diskette zu formatieren, können Sie auch so vorgehen:

Formatieren Sie ohne Parameter /S
Geben Sie unmittelbar nach dem Formatieren den Befehl SYS A: oder SYS B:, je nachdem, wo Ihre Diskette liegt.

Der SYS-Befehl überträgt die Systemdateien nachträglich, allerdings nur, wenn noch keine anderen Dateien gespeichert wurden.

Falls Sie folgende Meldung erhalten

```
DOS-Diskette in Laufwerk A: einlegen
und anschließend Eingabetaste betätigen..."
```

findet das System wichtige Dateien nicht auf dem aktuellen Laufwerk. Folgen Sie der Anweisung (Original-Diskette einlegen), oder verfahren Sie wie oben beschrieben.

Festplatte formatieren

Eine Festplatte kann abschließend erst dann formatiert werden, nachdem die sog. Low-Level-Formatierung, die Anmeldung im Konfigurationsspeicher (system configuration setup) und die Aufteilung der Platte in Partitions (Befehl FDISK) durchgeführt wurde. Dies sind Arbeiten für PC-Fachleute und werden im Rahmen dieses Bandes nicht besprochen. Der FORMAT-Befehl für Festplatte C: wird nach dem Start mit einer Boot-Diskette in A:, auf der sich die Datei FORMAT.COM befindet, mit dem Parameter /S ausgeführt. Für weitere Platten ist außer der Angabe des Ziellaufwerks kein Parameter notwendig.

Weitere DOS-Befehle:	**Systemreaktion:**
`C:\> format b: /f:720 /s`	Im Laufwerk B: wird eine Boot-Diskette mit 720KB Speicherkapazität formatiert.
`C:\> format b: /n:9 /t:80 /s`	Die gleiche Prozedur läuft ab, es wurden Format-Parameter verwendet, die vor der DOS-Version 5.00 üblich waren.
`A:\> format c: /s`	Die Festplatte C: wird formatiert.

2.7.4 Diskette/Platte benennen (LABEL)

LABEL [Laufwerk:][Name] (extern)

Der Befehl **LABEL** (Etikett) gibt einer Diskette/Platte einen Namen. Damit wird sie unverwechselbar. Der Name darf 11 Zeichen lang sein.

Ausführungsbeispiel:

```
C:\> label
Datenträger in Laufwerk C hat keine Datenträgerbezeichnung
Datenträger-Seriennummer ist 314D-07C8
Datenträgerbezeichnung(11 Zeichen, EINGABETASTE für keine)? D FRANZ

C:\> dir
 Datenträger in Laufwerk C ist D FRANZ
 Datenträgernummer: 314D-07C8
 Verzeichnis von C:\

DOS          <DIR>      01.01.89    0.05
WORD         <DIR>      13.05.91   19.31
AUTOEXEC BAT        391 18.05.91    8.57
COMMAND  COM      38594 13.04.89   12.00
CONFIG   SYS        733 13.05.91   21.40
      10 Datei(en)   60436480 Byte frei
```

Abb. 52: Ausführung des LABEL-Befehls

Wenn Sie im Anschluß an den LABEL-Befehl den DIR-Befehl eingeben, wird das von Ihnen vergebene Platten-"Etikett" angezeigt.

Weiterer DOS-Befehl:	**Systemreaktion:**
`C:\> label a:`	Das Etikett der Diskette im Laufwerk A: wird angezeigt und kann geändert werden.
`C:\> label b: SICH01`	Das Etikett der Diskette im Laufwerk B: wird auf SICH01 geändert.

2.7.5 Diskette kopieren (DISKCOPY)

DISKCOPY Quellenlaufwerk: Ziellaufwerk: **(extern)**

Es gibt viele Gründe dafür, eine Diskette vollständig zu kopieren. Sie wollen Nutz-/Programmdateien weitergeben, eventuell versenden, oder teure Lizenzprogramme sollen vor Verlust gesichert werden für den Fall, daß die Original-Lizenzdiskette infolge Beschädigung unlesbar wird. **DISKCOPY** stellt eine vollkommen identische Kopie der ursprünglichen Diskette her.

Ausführungsbeispiel:

```
C:\> diskcopy a: a:

Quellendiskette in Laufwerk A: einlegen

Eine beliebige Taste drücken, um fortzusetzen

Kopiert werden 80 Spuren
mit 18 Sektoren je Spur, 2 Seite(n)

Zieldiskette in Laufwerk A: einlegen

Eine beliebige Taste drücken, um fortzusetzen

Diskette wird beim Kopieren formatiert
Quellendiskette in Laufwerk A: einlegen

Eine beliebige Taste drücken, um fortzusetzen
     .      .       usw.

Datenträgernummer: 10D5-125E

Eine weitere Diskette kopieren (J/N)?n
```

Abb. 53: Nachrichten des DISKCOPY-Befehls

Das Beispiel zeigt das Kopieren einer Diskette mittels nur eines Laufwerks. In diesem Fall sind Quellenlaufwerk und Ziellaufwerk identisch und DISKCOPY fordert Sie solange zum Diskettenwechsel auf, bis alle Daten kopiert wurden.

Hinweise:
DISKCOPY formatiert die Zieldiskette, falls dies noch nicht geschehen.
DISKCOPY löscht alle Dateien der Zieldiskette, also ist Vorsicht geboten. Verwenden Sie nur Zieldisketten, bei denen Sie sicher wissen, daß sie keine wichtigen Dateien enthalten. Sichern Sie unbedingt die Quellendiskette mittels Schreibschutz, damit eine Fehlbedienung keinen Schaden anrichtet.
DISKCOPY kann nur auf eine Zieldiskette mit der gleichen Beschaffenheit und Größe wie die Quellendiskette kopieren (anders als COPY und XCOPY).
DISKCOPY kann nur auf Disketten, nicht auf Magnetplatten (Fest- oder Wechselplatten) angewendet werden.

2.7.6 Diskette/Platte prüfen (CHKDSK)

CHKDSK [Laufwerk:] [/F] [/V]	**(extern)**

Ausführungsbeispiel:

```
C:\> chkdsk
Datenträger D FRANZ      erzeugt 22.10.1991 9:03
Datenträgernummer: 314D-07C8
Fehler gefunden. Option /F nicht angegeben.
Datenträger wird nicht berichtigt.

      272 verlorene Zuordnungseinheiten in 2 Ketten gefunden
   557056 Byte Speicherplatz auf dem Datenträger würden freigegeben

104515584 Byte Speicherplatz auf dem Datenträger insgesamt
   212992 Byte in 8 versteckten Dateien
   196608 Byte in 73 Verzeichnissen
 65533952 Byte in 2811 Benutzerdateien
 38014976 Byte auf dem Datenträger verfügbar

     2048 Byte in jeder Zuordnungseinheit
    51033 Zuordnungseinheiten auf dem Datenträger insgesamt
    29510 Zuordungseinheiten auf dem Datenträger verfügbar

   655360 Byte konventioneller Arbeitsspeicher
   540496 Byte frei
```

Abb. 54: Nachrichten des CHKDSK-Befehls

Ein Datenträger kann Defekte aufweisen. Es ist vor allem die "doppelte Buchführung" des DOS, die Dateibelegungstabelle, die immer wieder einmal in Unordnung gerät. Oft sind Bedienungsfehler oder Fehler in Anwendungsprogrammen die Ursache. Es empfiehlt sich, Datenträger hin und wieder daraufhin zu überprüfen. Der Befehl **CHKDSK** (checkdisk) analysiert sie hinsichtlich Kapazität, Belegung und eventueller Defekte.

Parameter:

/F Fehler werden angezeigt. Der Benutzer erhält Gelegenheit, einer Korrektur der Dateibelegungstabelle zuzustimmen.

/V Während des Kontrollvorgangs werden alle Dateien in allen Verzeichnissen angezeigt.

Begriffe:

Speicherplatz	Gesamtnettokapazität des Datenträgers für die Speicherung von Dateien in Byte, 1 Byte ist der Speicherplatz für 1 beliebiges Zeichen (Anzahl Byte geteilt durch 1024^2 = Anzahl Megabyte, MB)
Versteckte Dateien	Meist Systemdateien, z.B. IO.SYS, MSDOS.SYS.
Verzeichnisse	Außer dem Haupt-/Stammverzeichnis können Sie weitere Verzeichnisse anlegen (vgl. Abschn. 2.9).
Benutzerdateien	Alle Dateien mit Ausnahme der unsichtbaren Dateien werden hier mit Benutzerdateien bezeichnet.
Auf dem Datenträger verfügbar	Die für weitere Benutzerdateien verbleibende Speicherkapazität.
Zuordnungseinheit	Engl. cluster, Zusammenfassung von Sektoren zu Gruppen. Das System greift auf ganze Cluster zu, nicht auf einzelne Sektoren, d.h., wenn Sie eine Datei speichern, wird der Platz clusterweise belegt. Im Beispiel besitzt ein Cluster 2048 Byte, das sind 4 Sektoren zu 512 Byte. Bei Disketten beträgt die Clustergröße 1 oder 2 Sektoren.
Arbeitsspeicher	Der CHKDSK-Befehl zeigt außer der Speicherbelegung auf Datenträgern auch die im zentralen Arbeitsspeicher (RAM). Der MEM-Befehl (vgl. Kapitel 2.7.7) tut dies ausführlicher.

In Abb. 11 meldet der CHKDSK-Befehl "verlorene" Zuordnungseinheiten. Diese Meldung sollte Sie nicht mit Sorge erfüllen, sondern den CHKDSK-Befehl nochmal mit dem Parameter /F ausführen lassen.

Das folgende Beispiel arbeitet mit dem Parameter /F. Falls CHKDSK verlorene Zuordnungseinheiten auf dem Datenträger findet, können Sie auf diese Weise die vorgefundenen Daten zurückgewinnen. Andernfalls bleiben sie versteckt und versperren nur Platz.

Erläuterung der Meldungen in Abb. 55:

```
"Erste Zuordnungseinheit ist ungültig, Eintrag gekürzt".
```

Der erste Cluster (Zuordnungseinheit) der Datei TEXT1.TXT wurde anderweitig belegt, sie kann nicht mehr von Anfang an gelesen werden. Falls noch Reste der Datei vorzufinden sind, erhalten Sie eine Nachricht wie folgende:

```
"14 verlorene Zuordnungseinheiten in 2 Ketten gefunden. Verlorene Ketten in
Dateien umwandeln (J/N)?"
```

CHKDSK hat belegte Cluster gefunden, die es keinem Dateinamen zuordnen kann. Hier sind es 14 Cluster in 2 zusammenhängenden Portionen. Wenn sie der Umwandlung in Dateien zustimmen, erhalten Sie ein oder mehrere Dateien mit dem Inhalt dieser Cluster. Nur so können Sie die verlorenen Daten wieder sichtbar machen. Die Dateien erhalten von CHKDSK Namen beginnend mit FILE0001.CHK. Schauen Sie sich die Dateien an. Wenn Sie nichts Brauchbares darin finden, löschen Sie sie und gewinnen Platz auf dem Datenträger. Die Nachricht, z.B. "28672 Byte in 2 wiederhergestellten Dateien" rührt von den .CHK-Dateien her.

```
"Ist querverbunden (crosslinked) in Zuordnungseinheit 1042"
```

Cluster Nr. 1042 wurde gleich 2 Dateien, TEXT2.TXT und TEXT3.TXT, zugewiesen. In einem solchen Fall sollten Sie beide Dateien unter neuen Namen kopieren (vgl. COPY-Befehl) und die alten Dateien löschen, z.B.

```
C:\> COPY TEXT2.TXT NEUTEXT2.TXT
C:\> COPY TEXT3.TXT NEUTEXT3.TXT
C:\> DEL TEXT2.TXT
C:\> DEL TEXT3.TXT
```

Ausführungsbeispiele:

```
C:\> chkdsk /f
Datenträger D FRANZ      erzeugt 22.05.1991 9.03
Datenträgernummer: 314D-07C8

C:\TEXT1.TXT
   Erste Zuordnungseinheit ist ungültig, Eintrag gekürzt

   14 verlorene Zuordnungseinheiten in 2 Ketten gefunden.
Verlorene Ketten in Dateien umwandeln (J/N)?j

C:\TEXT2.TXT
   Ist querverbunden (crosslinked) in Zuordnungseinheit 1042
C:\TEXT3.TXT
   Ist querverbunden (crosslinked) in Zuordnungseinheit 1042

  104515584 Byte Speicherplatz auf dem Datenträger insgesamt
     212992 Byte in 8 versteckten Dateien
     196608 Byte in 73 Verzeichnissen
   65533952 Byte in 2811 Benutzerdateien
   38014976 Byte auf dem Datenträger verfügbar

       2048 Byte in jeder Zuordnungseinheit
      51033 Zuordnungseinheiten auf dem Datenträger insgesamt
      29510 Zuordungseinheiten auf dem Datenträger verfügbar

     655360 Byte konventioneller Arbeitsspeicher
     540496 Byte frei
```

Abb. 55: Fehlermeldungen des CHKDSK-Befehls

Weitere DOS-Befehle:	**Systemreaktion:**
`C:\> chkdsk b:`	Diskette im Laufwerk B: prüfen
`C:\> chkdsk d: /v`	Festplatte D: prüfen und alle auf der Platte befindlichen Dateien anzeigen

2.7.7 Arbeitsspeicherbelegung anzeigen (MEM)

MEM [/C][/P][/D]	**(extern)**

Mit dem MEM-Befehl überprüfen Sie die Auslastung Ihres Arbeitsspeichers. Falls Sie einmal zu viele Programme und Daten nacheinander laden wollen - das kann versehentlich geschehen - erhalten Sie diese oder eine ähnlich lautende Meldung:

```
insufficient memory.
```

Der Speicherplatz reicht nicht mehr aus, um ein weiteres Programm oder weitere Daten aufzunehmen. Mit dem MEM-Befehl erhalten Sie Aufschluß über die Ursache.

Ausführungsbeispiel:

```
C:\> mem


    655360 Byte konventioneller Speicher insgesamt
    655360 Byte für MS-DOS verfügbar
    535744 Byte max. Größe für ausführbares Programm

    655360 Byte EMS-Speicher insgesamt
    262144 Byte EMS-Speicher frei

   3145728 Byte fortlaufender Erweiterungsspeicher insgesamt
         0 Byte fortlaufender Erweiterungsspeicher verfügbar
         0 Byte XMS-Speicher verfügbar
           MS-DOS resident im oberen Speicherbereich (High Memory Area)
```

Abb. 56: MEM-Befehl ohne Parameter

Begriffe:

Konventioneller Speicher (Basisspeicher) Der Basisspeicher beginnt bei der Adresse 0 und ist 640 KB groß. Er ist vorwiegend für die Ausführung von Programmen und die Vorhaltung von Nutzdaten bestimmt. Einen Teil des Basisspeichers belegt das DOS-System, die Menge hängt von der DOS-Installation ab. Jeder Benutzer trachtet danach, den verfügbaren Teil dieses Speicherbereichs möglichst groß zu halten, das heißt, nicht mehr als notwendig durch residente Programme (z.B. COMMAND.COM) zu versperren, weil die heute angebotenen komfortablen Anwendungsprogramme viel Platz brauchen. Falls der Basisspeicher nicht ausreicht, meldet das System: insufficient memory.

Upper Memory Upper Memory (384KB), vom MEM als "hoher Speicher" bezeichnet, nennt man den Adreßraum zwischen dem Basisspeicher (640KB) und der traditionellen Grenze der Speicheradressen von DOS, das ist 1MB. Da die ersten PCs mit den Prozessoren 8086, 8088 mit 20 Bit Adreßbussen (220Bit=1MB) ausgestattet wurden, hat man den gesamten Adreßraum unter DOS auf 1MB festgeschrieben. DOS braucht einen Teil des Adreßraums des Upper Memory, um dort ROM, Bildschirmspeicher und andere Hardwareadressen zu verwalten. Andere Teile des Upper-Memory-Bereichs können Sie durch geschickte Systemkonfiguration für die Auslagerung von DOS-Systemprogrammen aus dem Basisspeicher nutzen, wenn Ihr PC mit mehr als 640KB RAM ausgestattet ist. Erst durch Einsatz der Betriebsysteme OS/2 bzw. WINDOWS 3.1 fällt die Basisspeichergrenze von 640KB, für Anwendungsprogramme unter DOS bleibt sie bestehen.

Erweiterungsspeicher

RAM-Bereich oberhalb des 1-MB-Adreßraums. Die Unterscheidung in Basis-, oberer, hoher und Erweiterungsspeicher kennt nur DOS infolge der Intel-Prozessorhistorie.

High Memory Area (HMA)

Dieser 64KB große Bereich, von" MEM" wird "oberer Speicherbereich" bezeichnet. Er erstreckt sich zwischen den Adressen 1024KB und 1088KB. Er ist ein besonderer Teil des Erweiterungsspeichers. Erst die Version DOS 5.0 nutzt diesen Speicherbereich für Betriebssystemprogramme. Das SETUP-Programm von DOS 5.0 (vgl. Abschn. 2.5) stellt zu diesem Zweck die beiden Anweisungen:

DEVICE=C:\DOS\HIMEM.SYS und DOS=HIGH

in die Konfigurationsdatei CONFIG.SYS (vgl. XMS-Speicher).

EMS-Speicher

Expanded-Memory-Specification ist eine Vereinbarung, mit der RAM-Erweiterungen auch von 8086/8088-Prozessoren angesprochen werden können. Hierzu reserviert man im Bereich zwischen der 640KB- und der 1-MB-Adresse ein 64KB großes "Fenster", durch das mit aufwendigen Techniken auf zusätzliche RAM-Reserven zugegriffen wird. Den Zugriff ermöglicht ein spezielles Programm, der Expanded-Memory-Manager (z.B. XMA2EMS.SYS, EMM386.EXE). Eine ganze Reihe von Anwendungsprogrammen nutzt EMS, um mit der alten Prozessorgeneration kompatibel zu bleiben.

XMS-Speicher

Mit Prozessoren ab Typ 80286 kann RAM oberhalb 1-MB adressiert werden. Die eXtended-Memory-Specification ist eine Vereinbarung über eine DOS-Schnittstelle zur Nutzung dieses Speicherbereichs. Ohne weiteres ist DOS nicht in der Lage, RAM im Adreßbereich über 1-MB für Programme zu verwenden. MS-DOS besitzt jedoch einen sog. DOS-Extender, HIMEM.SYS (vgl. CONFIG.SYS), mit dessen Hilfe es gelingt, Programme oberhalb der 1-MB-Adressen zu betreiben. Nur wenige Anwendungsprogramme verwenden diese Schnittstelle bisher. DOS kann Systemprogramme mit

Hilfe des DOS-Extenders aus dem Basisspeicher in den XMS-Speicher auslagern (vgl. auch High Memory Area).

Parameter für MEM:

/C (classify); zeigt die Speicherbelegung mit Größenangaben.

/D (debug); bietet weitergehende zusätzliche Informationen für den Programmierer.

/P (program); Anzeige der Speicherbelegung durch residente Programme.

Bereits durch die beim Systemstart ausgeführten Befehle der Dateien CONFIG.SYS und AUTOEXEC.BAT wird Speicherplatz verbraucht. Jeder weitere Programmaufruf verringert vorübergehend oder dauerhaft die Restkapazität durch Programmcode und Daten. Der Befehl MEM - ergänzt durch den Parameter **/P** (program) - zeigt welche geladenen Programme und Daten den Speicher belegen, ihre Lage und ihre Größe (in hexadezimalen Zahlen).

Ausführungsbeispiel:

```
C:\> mem /p

  Adresse    Name          Größe     Art
  -------    ----          -----     ---
  000000                   000400    Interrupt-Vektor
  000400                   000100    ROM-Übertragungsbereich
  000500                   000200    DOS-Übertragungsbereich

  000700      IO           002520    Systemdaten

  002C20     MSDOS         008E30    Systemdaten
     .              .                   .              .
     .             usw.        .              .
     .              .                   .              .
  011A30     FASTOPEN      0005E0    Programm
  012020     CAPTURE       006100    Programm
  018130     MEM           012F00    Programm
  02B040     MSDOS         074BB0    -- Frei --

    655360 Byte konventioneller Speicher insgesamt
    654336 Byte für MS-DOS verfügbar
    555712 Byte max. ausführbares Programm

   3145728 Byte fortlaufender Erweiterungsspeicher insgesamt
         0 Byte fortlaufender Erweiterungsspeicher verfügbar
         0 Byte XMS-Speicher verfügbar
           MS-DOS resident im oberen Speicherbereich (High Memory Area)
```

Abb. 57: MEM-Befehl mit Parameter /P

2.7.8 Hilfe anfordern (HELP)

HELP [DOS-Befehl]	**(extern)**

Der **HELP**-Befehl ist ein wahrer Segen für den ungeübten Anwender. Er zeigt Ihnen nicht nur eine Liste aller DOS-Befehle und ihrer Funktion. Auch wenn Sie gezielt Hilfe zur Syntax eines Befehls suchen, ist HELP immer zur Stelle und bietet Ihnen alle Befehlsvarianten an. Sie geben einfach HELP und dazu den fraglichen Befehl ein.

Ausführungsbeispiel:

```
C:\> help diskcopy
Kopiert den Inhalt einer Diskette auf eine andere Diskette.

DISKCOPY [Laufwerk1: [Laufwerk2:]] [/1] [/V]

  /1   Kopiert nur die erste Seite der Diskette.
  /V   Überprüft die Korrektheit der Kopie.

Die Disketten müssen die gleiche Speicherkapazität haben.
Sie können für Laufwerk1 und Laufwerk2 das gleiche Laufwerk verwenden.
```

Weiterer DOS-Befehl:	**Systemreaktion:**
`C:\> help`	Zeigt eine vollständige Liste aller verfügbaren DOS-Befehle

2.7.9 Befehle speichern und abrufen (DOSKEY)

DOSKEY [/BUFSIZE][/HISTORY][/INSERT][/MACROS][/OVERSTRIKE] [/REINSTALL][Makroname=Befehle]	**(extern)**

Sie werden häufig in die Lage kommen, die Eingabe der Befehle zu wiederholen oder Ihre Eingabe zu korrigieren. Wenn Sie DOSKEY aufrufen, bleibt Ihnen anschließend eine Menge Arbeit erspart. Sie sollten das Programm in die Datei AUTOEXEC.BAT (vgl. Abschn. 2.11) aufnehmen, falls Sie oft auf Systemebene arbeiten. DOSKEY bleibt nach dem Aufruf resident (sog. TSR-Programm, terminate stay resident) und speichert Ihre Tastatureingaben. Es belegt nur ca. 4KB im Arbeitsspeicher. Sie können es im Upper Memory installieren (vgl. AUTOEXEC.BAT).

Schließlich können Sie mit DOSKEY ganze Befehlsfolgen speichern (sog. Makros) und auf Tastendruck ausführen lassen.

Ausführungsbeispiel:

```
C:\> doskey
DOSKey installiert
```

Abb. 59: Die Installation von DOSKEY.COM

Nach Installation des Programms im Arbeitsspeicher können Sie mit den <Pfeil-auf>/<Pfeil-ab>-, sowie mit den <Bild-auf>/Bild-ab>-Tasten alle danach eingegebenen Befehl abrufen. Die Tasten <Pfeil-rechts>, <Pfeil-links>, <Pos1>, <Ende> und die Korrekturtasten (<Rücksetzen>, <Entf>,<Einf>) erlauben das Korrigieren bzw. Ändern der Befehle.

Parameter:

/BUFSIZE	Standardgröße des Speichers (Puffer, buffer) für Befehle und Makros ist 512 Byte. Er kann vergrößert/verkleinert werden.
/HISTORY	Anzeige aller gespeicherten Befehlseingaben (auch durch Taste <F7> möglich).
/INSERT	Beim Editieren früher eingegebener Befehle ist der Einfügemodus eingeschaltet, d.h. wenn Sie Zeichen eingeben, werden diese automatisch eingefügt.
/MACROS	Zeigt die z.Zt. verfügbaren Makros
/OVERSTRIKE	Beim Editieren früher eingegebener Befehle ist der Überschreibemodus eingeschaltet (Standardeinstellung).
/REINSTALL	DOSKEY wird neu installiert, z.B. um einen anderen Modus oder eine andere Puffergröße zu wählen.

Weitere DOS-Befehle:	**Systemreaktion:**
`C:\> doskey /bufsize=1024`	Die Puffergröße von DOSKEY ist 1MB.
`C:\> doskey /insert`	DOSKEY wurde mit Einfügemodus installiert.

Eingabekorrekturen

Starten Sie DOSKEY mit Parameter /INSERT. Geben Sie dann den DIR-Befehl falsch ein. Die Tastenfolgen für die Korrektur sind kursiv gedruckt:

Ausführungsbeispiel:

```
C:\> doskey /insert

C:\> dr /p
Befehl oder Dateiname nicht gefunden

            (<Pfeil-auf>-Taste drücken)

C:\> dr /p

            (4 mal <Pfeil-links> drücken und i tippen)

C:\> dir /p
```

Abb. 60: Falsche Eingabe und Korrektur mit DOSKEY-Unterstützung

Testen Sie auch die Taste <F7> aus, wenn sie einige Befehle eingegeben haben. Mit Taste <F8> können Sie einen Befehl aus der Liste wählen. Sie tippen nur den/die ersten Buchstaben und dann die Taste <F8>. Weiteres Betätigen der <F8> Taste fördert die jeweils nächsten passenden Befehle zu Tage.

Ausführungsbeispiel:

```
C:\> d <F8>              (oder di <F8>)

C:\> dir /p
```

Abb. 61: Verwendung der <F8>-Taste

Makros

Häufig benutzte Befehle und Befehlsfolgen formulieren Sie als DOSKEY-Makro, um sie komfortabler zu handhaben. Makros sind unter Namen gespeicherte **Befehlsfolgen**, die mit ihrem Namen aufgerufen werden. Ein Makro formulieren Sie mit dem DOS-KEY-Befehl nach folgender Syntax:

DOSKEY Makroname=Befehlsfolge

Ausführungsbeispiel:

```
C:\> doskey d=dir /p

C:\> d <Enter>

Datenträger in Laufwerk C ist D FRANZ
Datenträgernummer: 1715-5A84
Verzeichnis von C:\

usw.
```

Abb. 62: Definition von Makros

Im Beispiel Abb. 62 ist **D** der Makroname. Nach dem Gleichheitszeichen folgt der Befehl. Wenn Sie nun **D** eingeben, wird DIR /P ausgeführt.

DOSKEY erkennt besondere Zeichen in Makros, wenn ihnen ein $-Zeichen vorangestellt wurde. Sie können mit den dadurch zur Verfügung gestellten Funktionen sehr komfortable Makros entwickeln.

Sonderzeichen für DOSKEY-Makros:

<table>
<tr><th>Zeichen</th><th>Bedeutung</th></tr>
<tr><td>$1-$9</td><td>Platzhalter (Scheinparameter) für vom Benutzer eingegebene, dem Makronamen folgende einzelne Parameter (vgl. Beispiele)</td></tr>
<tr><td>$*</td><td>Platzhalter für alle vom Benutzer eingegebenen Parameter.</td></tr>
<tr><td>$$</td><td>Dollar-Zeichen, falls in einem Makro als solches verwendet</td></tr>
<tr><td>$B</td><td>entspricht dem Pipe-Zeichen: |</td></tr>
<tr><td>$G</td><td>entspricht dem Ausgabeumleitungszeichen: ></td></tr>
<tr><td>$L</td><td>entspricht dem Eingabeumleitungszeichen: <</td></tr>
<tr><td>$T</td><td>Trennt mehrere hintereinandergehängte DOS-Befehle voneinander</td></tr>
</table>

Weitere DOS-Befehle:	Systemreaktion:
`C:\>doskey e=c:\dos\edit`	Definiert ein Makro namens E zur Ausführung des DOS-Texteditors EDIT.COM im Verzeichnis C:\DOS.
`C:\>doskey w=date $t c:\word\word`	Geben Sie nach dieser Makrodefinition den Makronamen W als Befehl ein, so bietet Ihnen das System vor Ausführung des Textprogramms Gelegenheit, das Datum zu überprüfen.
`C:\>doskey mc=mem/c $b more`	MC führt den Befehl MEM /C aus und leitet dessen Ausgabe in den MORE-Filter, um eine bildschirmweise Ausgabe zu erreichen.

`C:\>doskey m=more $l %1`

Falls Sie M mit einem folgenden Dateinamen eingeben, wird diese Datei bildschirmweise angezeigt. Damit lassen sich vorteilhaft Dateien ausgeben, die länger sind als 25 Zeilen (Ersatz für TYPE):
z.B.: C:\> m \dos\info.txt
%1 ist hier Platzhalter für den Dateinamen.

`C:\>doskey ds=dir %1 /o:n/p`

Der Makro DS führt den DIR-Befehl für ein beliebiges Verzeichnis so aus, daß die Dateinamen sortiert und bildschirmweise angezeigt werden.
z.B.:C:\> ds \dos

`C:\>doskey dp=dir %1 $g prn`

Bei diesem Makro wird die Ausgabe des Verzeichnisses auf den Drucker umgeleitet.

DOSKEY-Makros stehen im Arbeitsspeicher und sind daher flüchtig. Falls Sie bei jeder Sitzung am PC Ihre persönlichen Makros vorfinden wollen, sollten Sie die entsprechenden DOSKEY-Befehle in die Anpassungsdatei AUTOEXEC.BAT einbinden (vgl. AUTOEXEC.BAT, Abschn. 2.11).

2.8 Dateiorientierte DOS-Befehle

2.8.1 Datei anzeigen (TYPE)

TYPE [Pfad]Dateibenennung	(intern)

Der Befehl **TYPE** gestattet es, den Inhalt von Textdateien anzuzeigen. TYPE kann den Inhalt einzelner Dateien, nicht von Dateigruppen, ausgeben.

Ausführungsbeispiel:

```
C:\> type autoexec.bat
@echo off
keyb gr,,\dos\keyboard.sys
prompt $p$g

C:\>
```

Abb. 63: Ausführung des Type-Befehls

2.8.2 Dateien drucken (PRINT)

Während Textdateien mit TYPE auf den Bildschirm geschrieben werden, lassen sie sich mit dem Befehl **PRINT** auf dem Drucker ausgeben.

Der Befehl PRINT dient aber auch dazu, einen sog. Druckspooler einzurichten (vgl. unten). Den brauchen Sie, wenn Sie über die DOS-Shell drucken wollen.

PRINT richtet einen Druckspooler ein

PRINT [/D:Name][/Q:Anzahl] (extern)

Ausführungsbeispiel:

```
C:\> print /d:lpt1: /q:16
Residenter Teil von PRINT geladen
Die Druckerwarteschlange ist leer

C:\>
```

Abb. 64: Print richtet einen Druckspooler für die erste Parallelschnittstelle ein mit einer Warteschlange für 16 Dateien

Parameter:

Von den sechs möglichen Parametern werden hier nur die beiden gängigsten beschrieben.

/D:Name	Name ist der Name der Geräteschnittstelle, in der Regel des Druckers, z.B. PRN: oder COM1.
/Q:Anzahl	Anzahl bestimmt die Menge von Dateien, die gleichzeitig in der Warteschlange stehen darf. Standard ist 10, maximaler Wert 32.

Der PRINT-Druckspooler (spool=simultaneous peripheral operation on line) sammelt die Druckaufträge, die Sie mit dem PRINT-Befehl ans System leiten. Er stellt die zum Drucken anstehenden Dateien in eine Warteschlange. Zum Wesen des Druckspoolprogramms gehört, daß es resident wird und "im Hintergrund" arbeitet, d.h., Sie können während des Druckvorgangs Ihren PC für andere Aufgaben einsetzen.

Wenn Sie den Druckspooler nutzen wollen, folgender Tip: Legen Sie größere Texte, Grafiken und Tabellen als Druckdateien ab (z.B. in WORD: Drucken auf Platte/Diskette). Dann drucken Sie diese mit PRINT (z.B. durch das DOS-Fenster des Anwendungsprogramms) oder dem entsprechenden Menüpunkt der DOS-Shell und können Ihren PC während des Druckens nutzen.

Wenn Sie über die DOS-Shell drucken wollen (vgl. Datei-Manager), müssen Sie zuvor den Druckspooler aktiviert haben. Vorschlag:

PRINT /D:PRN

Diesen PRINT-Befehl sollten Sie in die Anpassungsdatei C:\AUTOEXEC.BAT aufnehmen (vgl. auch Abschn. 2.11).

PRINT erteilt Druckaufträge

PRINT [Pfad]Dateibenennung [[Pfad]Dateibenennung]...[/C][/P][/T]
(extern)

Ausführungsbeispiel:

```
C:\> print a:\*.txt
Name des Ausgabegeräts [PRN]:
Residenter Teil von PRINT geladen

    A:\RENATE.TXT wird gerade gedruckt
    A:\ISOLDE.TXT ist in der Warteschlange

C:\>
```

Abb. 65: PRINT druckt

Parameter:

/C Die aufgeführten Datei(en) aus der laufenden Warteschlange streichen
/P Die aufgeführten Dateien in die laufende Warteschlange aufnehmen
/T Warteschlange ganz entleeren und Drucken abbrechen

Beim ersten PRINT-Befehl fragt das System nach der Ausgabeeinheit und schlägt den Standarddrucker PRN vor. Wenn das System nur einen Drucker besitzt, kennt ihn das System unter diesem Namen. Es genügt dann, die Eingabetaste zu drücken. Nach dem Drucken einer Datei sendet PRINT ein Seitenvorschub-Zeichen (ASCII-Nr. 12) an den Drucker. Der Seitenvorschub wird nach Maßgabe der DIP-Schalterstellung für die Seitenlänge im Drucker ausgeführt (vgl. Druckerhandbuch). Im Gegensatz zum Befehl TYPE dürfen beim PRINT-Befehl mehrere Dateien oder Dateigruppen stehen.

Weitere DOS-Befehle:	Systemreaktion:
`C:\> print a:\text\???.lst`	Alle Dateien mit der Erweiterung .LST und einem mindestens 3 Zeichen langen Namen im Verzeichnis A:\TEXT werden gedruckt.
`A:\> print mahn*.lst *.bat`	Das System druckt die .LST-Dateien deren Namen mit MAHN beginnen und alle Dateien mit der Erweiterung BAT.

`A:\> print b:*.txt c:*.lst`	Alle Dateien mit der Erweiterung .TXT der Diskette in B und mit der Erweiterung .LST der Festplatte C sind zu drucken.
`C:\> print *.*`	Alle Dateien von C:\ wurden zum Drucken ausgewählt.
`C:\> print *.txt /c`	Dateien mit Erweiterung .TXT aus der Warteschlange nehmen
`C:\> print a:*.lst /p`	LST-Dateien von A: (Stammverzeichnis) in die Warteschlange aufnehmen
`C:\> print /t`	Drucken beenden und Warteschlange leeren

2.8.3 Dateien kopieren (COPY)

COPY Quelle [Ziel] /V	(intern)

Der Befehl **COPY** kopiert Dateien. Sie verwenden den Befehl, um Dateien auszutauschen oder Sicherungskopien zu erstellen.

Für **Quelle** können folgende Angaben stehen:

- eine Dateibenennung, z.B. A:\TEXT*.TXT
- ein Verzeichnis, z.B. A:\TEXT
- der DOS-Name für ein Eingabegerät, z.B. CON für Tastatur (Konsole, CON ist in DOS die Einheit von Tastatur und Bildschirm, also sowohl Eingabe- als auch Ausgabegerät).

Quelle darf nicht aus der bloßen Laufwerksbezeichnung bestehen.

Ziel kann sein:

- ein Laufwerk, z.B. A:
- eine Dateibenennung, z.B. C:\KUNDEN\MAHN1.DOC
- ein Verzeichnis, z.B. C:\KUNDEN
- der DOS-Name für ein Ausgabegerät, z.B. PRN für Drucker (printer) oder CON für Bildschirm.

Ziel muß nicht unbedingt angegeben werden. Falls die Zielangabe fehlt, ist immer das aktuelle Laufwerk oder Verzeichnis automatisch das Ziel des Kopiervorgangs:

- eine Dateibenennung, evtl. mit vorangestelltem Laufwerk und/oder Verzeichnispfad
- ein Laufwerk, evtl. ergänzt durch einen Verzeichnispfad.

Ausführungsbeispiele:

```
C:\> copy autoexec.bat a:
        1 Datei(en) kopiert

C:\> copy *.bat a:
C:AUTOEXEC.BAT
C:MENU.BAT
        2 Datei(en) kopiert
```

Abb. 66: COPY-Befehle

Weitere DOS-Befehle:	Systemreaktion:
`C:\> copy b:brief`	Die Datei BRIEF wird vom aktuellen Verzeichnis von B: nach C:\ kopiert.
`A:\> copy c:*.txt`	Alle Dateien mit der Erweiterung .TXT werden vom Stammverzeichnis von C: ins Stammverzeichnis von A: kopiert.
`A:\> copy c:\text\steuer*.txt`	Alle Dateien, deren Name mit STEUER beginnt und die die Erweiterung .TXT besitzen, werden vom Unterverzeichnis TEXT von C: nach A:\ kopiert.
`A:\> copy x.txt y.txt`	Die Datei X.TXT entsteht unter der Bezeichnung Y.TXT nochmal.
`C:\TEXT> copy *.txt *.doc`	Alle Dateien mit der Erweiterung .TXT entstehen nochmal unter gleichem Namen, jedoch mit der Erweiterung .DOC.
`A:\> copy autoexec.bat b:\`	Die Datei AUTOEXEC.BAT auf A:\ wird nach B:\ kopiert.
`A:\> copy *.exe c:`	Alle Dateien mit der Erweiterung .EXE werden in das aktuelle Verzeichnis von C: kopiert.
`A:\> copy b:\doku\brief.txt c:`	Die Datei BRIEF.TXT wird im Verzeichnis B:\DOKU gelesen und ins aktuelle Verzeichnis von C: kopiert.
`C:\> copy config.sys prn`	Die Datei CONFIG.SYS wird von C: auf den Drucker kopiert, d.h. gedruckt.
`C:\TEXT> copy con notiz`	Damit legen Sie im Unterverzeichnis TEXT eine Textdatei namens NOTIZ an. Schließen Sie mit <F6> bzw. <Strg>+Z (=^Z) und <Enter> ab.

Weitere Beispiele finden Sie im Abschnitt 2.9 bei den verzeichnisorientierten Befehlen.

Parameter:

/A Die gekennzeichnete Datei ist eine reine Textdatei. Sie wird nur bis zum Auftreten des Dateiendezeichens (=ASCII-Nr. 26) kopiert.

/B Die Datei ist eine Binärdatei, d.h., Dateiendezeichen werden nicht beachtet. Bei /B hinter der Zieldatei erhält diese kein Dateiendezeichen.

/V (verify, Schreib-/Leseprüfung) hängen Sie an den Befehl an, wenn Sie ganz sicherstellen wollen, daß das System die Daten fehlerfrei ins Ziellaufwerk geschrieben hat, sie also später wieder lesbar sind.

Hinweis:

Wenn Sie nur ein Diskettenlaufwerk besitzen, können Sie das auch unter B: ansprechen. Um von einer Diskette auf eine andere zu kopieren, geben Sie als Ziellaufwerk B: an. In diesem Fall verwendet DOS Laufwerk A automatisch auch als Laufwerk B. COPY fordert Sie dann auf, die Diskette zu wechseln.

Wollen Sie mehrere oder große Dateien kopieren, empfiehlt es sich, statt des COPY-Befehls den XCOPY-Befehl einzusetzen. Sie verkürzen dadurch den Kopiervorgang, weil XCOPY zunächst so viele Dateien wie möglich in den Arbeitsspeicher einliest, um dann zum Diskettenwechsel aufzufordern und zu schreiben. Dagegen liest und schreibt COPY jede einzelne Datei.

Angenommen Ihr PC ist jedoch mit einem 3,5"- und einem 5,25"-Laufwerk ausgestattet und Sie wollen Daten zwischen Disketten gleichen Formats austauschen. Richten Sie in diesem Falle ein Verzeichnis auf der Festplatte als Zwischenspeicher ein. Kopieren Sie Ihre Dateien von der Diskette dorthin, wechseln Sie die Diskette und kopieren Sie das gesamte Verzeichnis ins gleiche Laufwerk zurück. Eine weitere Möglichkeit bietet die Einrichtung zusätzlicher *logischer Laufwerke*. Der Weg führt über den Gerätetreiber DRIVER.SYS, den Sie mit dem DEVICE-Befehl in die Datei CONFIG.SYS einbinden müssen, für den Normalanwender eine unübliche Methode.

Falls eine Datei so groß ist, daß sie nicht auf den Datenträger, z.B. 360KB-Diskette, paßt, wählen Sie den Weg über die Befehle BACKUP und RESTORE. Die Datei wird dann durch BACKUP auf mehrere Disketten verteilt. RESTORE fügt Sie auf dem Zieldatenträger wieder zusammen.

2.8.4 Dateien umbenennen (REN)

REN [Pfad]Dateibenennung1 Dateibenennung2	**(intern)**

Oft wollen Sie Dateibenennungen ändern. Dabei hilft der Befehl **REN** (rename). Die erste Dateibenennung ist die bisherige, die zweite die künftige Bezeichnung.

Ausführungsbeispiel:

```
C:\> ren brief.txt brief1.txt
Doppelter Dateiname oder Datei nicht gefunden

C:\> ren brief.txt brief2.txt

C:\>
```

Abb. 67: REN-Befehle

Im ersten Beispiel wurde als 2. Dateibenennung eine Datei angegeben, die bereits existiert.

Weitere DOS-Befehle:	**Systemreaktion:**
`C:\> ren steuer.txt einkst.doc`	Die bisherige Datei STEUER.TXT in Laufwerk A heißt jetzt EINKST.DOC.
`C:\> ren a:\text\brief1.txt br3.*`	Die Datei BRIEF1.TXT im Verzeichnis A:\TEXT wurde umbenannt in BR3.TXT.

2.8.5 Dateien löschen (DEL)

DEL [Pfad]Datei(en) /P	**(intern)**

Mit dem Befehl **DEL** (delete) löschen Sie Dateien oder Dateigruppen.

Ausführungsbeispiele:

```
C:\> del brief.txt

C:\> del brief.txt
Datei nicht gefunden

C:\>
```

Abb. 68: DEL-Befehle

Beim 2. Beispiel wird der Befehl nicht erfolgreich durchgeführt, weil die Datei BRIEF.TXT bereits gelöscht war.

Der DEL-Befehl bringt im Inhaltsverzeichnis ein Löschkennzeichen an der Dateibezeichnung an, ohne den Inhalt der Datei wirklich zu löschen. Das erste Zeichen des Dateinamens wird durch den Löschvermerk überschrieben. Das System zeigt als gelöscht gekennzeichnete Dateien nicht mehr an und gibt den Platz, den sie auf dem Datenträger belegen, zum Speichern anderer Dateien frei.

Weitere DOS-Befehle:	**Systemreaktion:**

`A:\> del *.*`	`Alle Dateien im Verzeichnis werden gelöscht`
	`Sind Sie sicher (J/N)?`
	
	Nach Eingabe von J werden alle Dateien des aktuellen Verzeichnisses der Diskette im Laufwerk A gelöscht.

`C:\> del a:\brief???.txt`	Die Gruppe von Dateien in B:\, deren Benennung mit BRIEF beginnt, wobei die folgenden 3 Zeichen beliebig sein können, wird gelöscht.
`C:\> del test`	Datei TEST auf der Festplatte löschen.
`C:\> del a:\priv*.txt /p`	Die Dateigruppe im Unterverzeichnis A:\PRIV, deren Erweiterung .TXT lautet, wird nach Bestätigung des Benutzers gelöscht.

Parameter **/P** fordert sie für jede zu löschende Datei zur Bestätigung auf.

Ausführungsbeispiel:

```
C:\> del *.* /P

C:\AUTOEXEC.BAT    Löschen (J/N)?n
C:\COMMAND.COM    Löschen (J/N)?
    .      .      .      .
    .      .      .   usw.
```

Abb. 69: DEL-Befehl mit Anforderung der Löschbestätigung

2.8.6 Dateien wiederherstellen (UNDELETE)

UNDELETE [Pfad][Dateibenennung] [/ALL][/DOS][/DT][/LIST]	**(extern)**

Mit dem Befehl **UNDELETE** stellen Sie gelöschte Dateien wieder her.

Ausführungsbeispiele:

```
C:\> undelete

Verzeichnis: C:\
Dateiangaben: *.*

Löschverfolgungsdatei wurde nicht gefunden.

Das Verzeichnis enthält 9 gelöschte Dateien.
Von diesen können 9 Dateien wahrscheinlich
wiederhergestellt werden.

Das MS-DOS-Verzeichnis wird verwendet.

?OUSE    COM    14551  1.02.88 13:00   ....
Wiederherstellen (J/N)? J
Geben Sie den ersten Buchstaben des Dateinamens
ein: ?OUSE   .COM: M

Datei erfolgreich wiederhergestellt.

?OMMAND  COM    50031 11.06.91 12:00   ...A
Wiederherstellen (J/N)?

                     usw.
```

Abb. 70: UNDELETE-Befehl ohne Parameter

Parameter:

/ALL Mit diesem Parameter bietet UNDELETE alle Dateien eines Verzeichnisses zur Wiederherstellung an. Falls keine **Löschverfolgungsdatei** (vgl. MIRROR-Befehl) existiert, wird das erste Zeichen des Namens der gelöschten Datei in Form eines #-Zeichens dargestellt. Sie werden zum Ersetzen dieses Zeichens aufgefordert. Wenn eine Löschverfolgungsdatei geführt wurde, kann UNDELETE /ALL alle gelöschten Dateien ohne Ihr weiteres Zutun wiederherstellen, soweit diese nicht bereits überschrieben wurden.

Empfehlung: Richten Sie in der Datei AUTOEXEC.BAT folgenden Befehl ein. Sie ermöglichen MIRROR damit, für Laufwerk C: eine Löschverfolgungsdatei zu führen.

```
MIRROR C: /TC
```

/DOS UNDELETE verwendet mit diesem Parameter die Löschverfolgungsdatei ausdrücklich nicht, d.h., es hält sich ausschließlich an die von DOS im Inhaltsverzeichnis aufgezeichneten Informationen. Das ist Standard, wenn Sie keine Löschverfolgungsdatei durch MIRROR erstellt haben.

/DT Verwendet zur Wiederherstellung ausschließlich die Löschverfolgungsdatei.

/LIST Zeigt alle im Inhaltsverzeichnis als gelöscht gekennzeichneten Dateien an und verwendet dazu die Löschverfolgungsdatei, falls vorhanden.

UNDELETE untersucht die spezifizierten Dateien bzw. das aktuelle oder das von Ihnen genannte Verzeichnis und berichtet Ihnen, ob entsprechend gelöschte Dateien vorhanden sind und eine Wiederherstellung möglich ist. Sie entscheiden für jede Datei, ob Sie deren Wiederherstellung wünschen. Existiert keine Löschverfolgungsdatei, so müssen Sie das erste Zeichen des Dateinamens ersetzen, das zuvor vom Löschbefehl überschrieben wurde (vgl. DEL-Befehl).

Weitere DOS-Befehle:	**Systemreaktion:**
`C:\> undelete a:\`	Alle gelöschten Dateien des Hauptverzeichnisses von Laufwerk A: werden soweit möglich wieder-her-gestellt.
`C:\> undelete ?rief.txt`	Versuch, eine Datei mit dem Restnamen RIEF.TXT zu retten.
`C:\> undelete \dos*.com`	Versuch, alle Dateien mit der Erweiterung .COM im Verzeichnis DOS von C: wiederherzustellen.
`C:\> undelete /list`	Liste aller gelöschten Dateien anzeigen.
`C:\> undelete \text /all`	Alle Dateien in Verzeichnis \TEXT von C: werden wenn möglich mit der Löschverfolgungsdatei gerettet.

2.8.7 Dateiattribute ändern (ATTRIB)

ATTRIB [±A] [±H] [±R] [±S] [LW:][Pfad]Dateibenennung [/S] (extern)

Dateiattribute sind Eigenschaften, die Dateien von Ihnen oder vom System verliehen werden. Alle Dateien sind mit ihren Attributen - für den Benutzer unsichtbar - im Inhaltsverzeichnis eingetragen.

Mit dem Befehl **ATTRIB** können Sie Ihre Dateien mit allerlei Attributen belegen. Eine Datei kann die Attribute **Read Only, Archiv, Verborgen** und **System** besitzen. Das für den Benutzer vielleicht wichtigste Attribut ist das Read-Only-Attribut. Im Praxisalltag gibt es oft Dateien, die Sie auf diese Weise schützen sollten, z.B. alle Programme oder in der Textverarbeitung Blanko-Formulare, die nicht überschrieben werden dürfen, usw.

Ausführungsbeispiel:

```
C:\> attrib +r *.bat

C:\> del autoexec.bat
Zugriff verweigert/nicht möglich
```

Abb. 71: Alle .BAT-Dateien erhalten das Read-Only-Attribut

Parameter:

+A bzw. -A	Setzt bzw. löscht das Archivattribut (auch Archivflag). Das Archivflag besagt, die Datei ist seit ihrer letzten Änderung noch nicht gesichert worden (vgl. Befehle BACKUP, XCOPY).
+H bzw. -H	Das Hidden-Attribut (hidden=verborgen) versteckt die Datei(en), so daß sie unter Standardbedingungen von DOS-Befehlen, z.B. DIR, COPY, nicht erkannt bzw. in der DOS-Shell nicht angezeigt werden. Sie können versteckte Dateien dennoch normal verwenden.
+R bzw. -R	Das Read-Only-Attribut (read only=nur lesen) erlaubt nur das Lesen einer Datei. Jeder Veränderungsversuch wird abgelehnt (vgl. Abb. 27).
+S bzw. -S	Der Parameter versetzt Sie in die Lage, Dateien als Systemdateien zu definieren. Sie sind dann unsichtbar und geschützt, das System findet sie dennoch.

/S	erweitert die Attribut-Vergabe auf die dem aktuellen oder vorgegebenen Verzeichnis untergeordneten Verzeichnisse (bezügl. Verzeichnisse vgl. Abschn. 2.8)
Weitere DOS-Befehle:	**Systemreaktion:**
`C:\> attrib +s *.*`	Alle Dateien im Stammverzeichnis, z.B. CONFIG.SYS, AUTOEXEC.BAT werden Systemdateien, d.h. unsichtbar und schreibgeschützt.
`C:\TEXT> attrib -r *.*`	Alle Dateien im aktuellen Verzeichnis sind frei zum Überschreiben.
`C:\> attrib +h *.exe`	Alle Dateien im aktuellen Verzeichnis mit der Erweiterung .EXE sind versteckt.
`C:\> attrib +r a:*.com /s`	Alle Dateien mit der Erweiterung .COM in A:\ erhalten das Nur-Lese-Attribut.

Wenn Sie Auskunft darüber wollen, welche Attribute Ihre Dateien aufweisen, lassen Sie die Attribut-Parameter (bis auf evtl. Verzeichnis- und Dateiangabe) weg:

Ausführungsbeispiel:

```
C:\> attrib

     SHR     C:\IO.SYS
     SHR     C:\MSDOS.SYS
       H     C:\IMAGE.DAT
       R     C:\CONFIG.SYS
       R     C:\COMMAND.COM
  A    R     C:\AUTOEXEC.BAT
  A    R     C:\MIRROR.FIL
  A          C:\INFO.TXT
  .    .     .     .    usw.
```

Abb. 72: Anzeige aller Dateiattribute

2.9 Verzeichnisorientierte DOS-Befehle

Beim Formatieren einer Platte legt DOS ein Inhaltsverzeichnis an, wo es gespeicherte Dateien mit ihren Benennungen und weiteren Merkmalen aufnimmt. 360KB-Disketten können 112 Benennungen registrieren. 1,2- und 1,4-MB-Disketten registrieren 224 und Festplatten 512 Benennungen in ihren Inhaltsverzeichnissen.

Zwei wichtige Gründe sprechen dafür, zusätzliche Verzeichnisse auf der Platte anzulegen:

- Die Zahl von nur 512 Einträgen pro Festplatte würde es nicht zulassen, ihre volle Speicherkapazität auszunutzen. Mehrere tausend Dateien pro Platte sind in der professionellen EDV keine Seltenheit.

- Bei 50 bis 100 Einträgen mögen Inhaltsverzeichnisse gerade noch überschaubar sein. Darüber hinaus verlieren Sie vermutlich den Überblick. Möglicherweise stehen dann Befehlsdateien zusammen mit Text-, Adressen-, Artikel- und Liefererdateien und verschiedenen Anwendungsprogrammen für Datenbankverwaltung, Textverarbeitung und Tabellenkalkulation in einem Verzeichnis.

Kein Angestellter eines kaufmännischen Betriebs würde auf die Idee kommen, alle anfallenden Briefe, Dokumente, Verträge und Belege chronologisch in ein und denselben Aktenordner zu packen. Ebensowenig sollten Sie alle im Laufe der Zeit entstehenden Dateien und erworbenen Programme in einem Verzeichnis speichern.

MS-DOS bietet die Möglichkeit, auf einer Platte zusätzliche Verzeichnisse, sog. **Unterverzeichnisse**, aufzubauen. Unterverzeichnisse tragen Namen wie Dateien. Die Benennung von Verzeichnissen dient dem gleichen Zweck wie die Beschriftung von Aktenordnern: Sie sagt etwas über den Inhalt eines Verzeichnisses aus.

Nehmen wir an, ein kleiner Betrieb verwahrt Unterlagen zentral in einem Schrank in Ordnern mit folgenden Bezeichnungen und Akten. Beispiel:

Bezeichnungen	**Akten**
Kunden	Informationen über Kunden
Korrespondenz	Geschäftsbriefe
Verträge	Vereinbarungen
Organisation	Organisator. Regelungen
Steuern	Unterlagen fürs Finanzamt

Das Haupt- oder **Stammverzeichnis** (root directory) einer Platte läßt sich mit einem Aktenschrank vergleichen, in welchem Aktenordner stehen. Die Unterverzeichnisse (subdirectories) auf einer Platte sind Ordnern vergleichbar. In den Unterverzeichnissen sind Dateien abgelegt, ebenso wie in Ordnern Akten untergebracht sind.

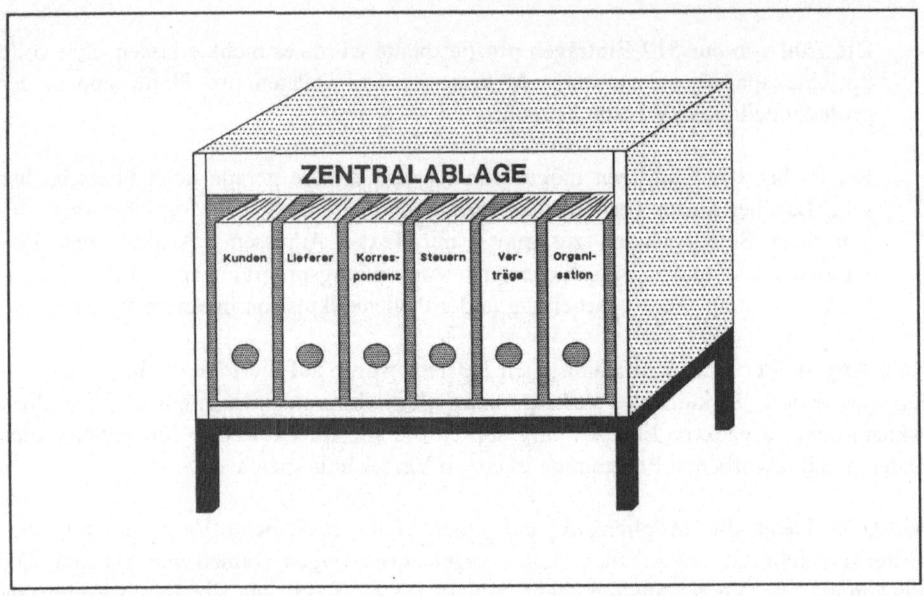

Abb. 73: Aktenschrank mit Ordnern

Übertragen auf eine Platte, ergibt sich für das angeführte Beispiel folgende Struktur:

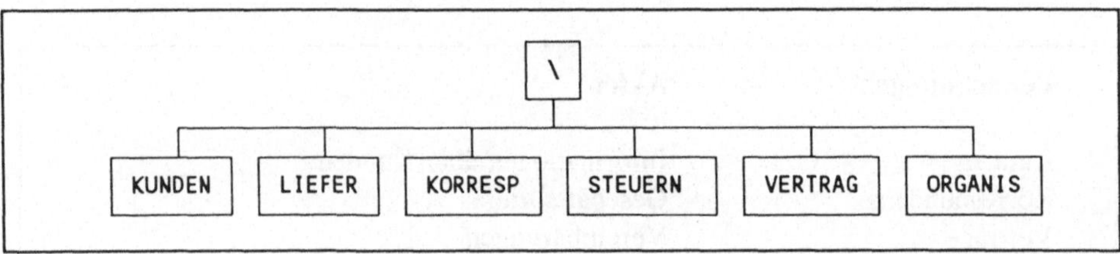

Der umgekehrte Schrägstrich \ (engl. backslash) kennzeichnet das Stammverzeichnis. Ähnlich wie man in Ordnern Register bzw. Trennblätter verwendet, um eine weitere Unterteilung zu erreichen, kann man einem Unterverzeichnis weitere Verzeichnisse anfügen.

Dateien in Unterverzeichnissen werden über den **Pfad** angesprochen. Der Pfad, auch **Zugriffspfad** genannt, beschreibt den Weg zu einer Datei. Die einfachste Pfadangabe ist die für das Stammverzeichnis, der Backslash \. Um eine Datei im Stammverzeichnis anzusprechen, setzt man den Backslash vor den Dateinamen, z.B.

\AUTOEXEC.BAT

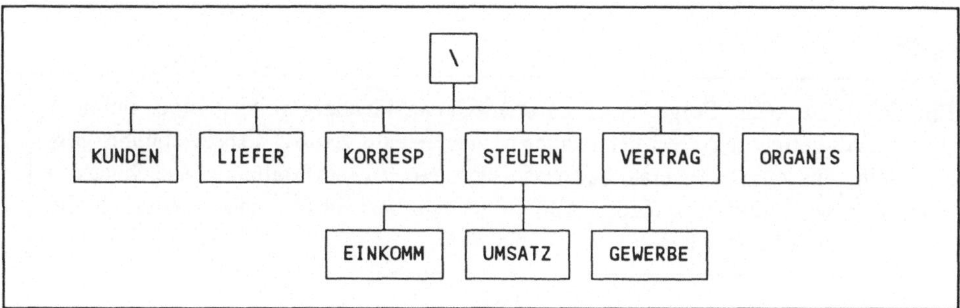

Wenn die Datei nicht im aktuellen Laufwerk liegt, setzen Sie noch das Laufwerk davor, z.B.

C:\AUTOEXEC.BAT

In Pfadangaben dürfen Leerstellen nicht vorkommen. Der Backslash dient auch der **Trennung** von Pfad und Dateinamen. Angenommen, eine Datei mit der Benennung EST3D.TXT liegt im Verzeichnis EINKOMM (vgl. oben) der Platte C:, so ist der korrekte Pfad:

C:\STEUERN\EINKOMM\EST3D.TXT

Der Aufruf von Programmen, die in Unterverzeichnissen liegen, kann eine Pfadangabe erfordern. Falls das Programm WORD.COM in einem angenommenen Verzeichnis \PROGRAM\WORD5.5 des Laufwerks C: zu finden ist, lautet der Programmaufruf:

C:\PROGRAM\WORD5.5\WORD

Pfadangaben sind nicht notwendig, wenn das entsprechende Verzeichnis vor dem Dateizugriff mit dem Befehl CD eingestellt wird. Die folgenden DOS-Befehle zeigen die Benutzung von Pfadangaben:

Weitere DOS-Befehle:	**Systemreaktion:**
`A:\> dir c:\steuern`	Zeigt das Verzeichnis \STEUERN auf C: an.
`C:\> copy a:\korr\fritz.txt b:\`	Kopiert die Datei FRITZ.TXT aus dem Verzeichnis \KORR der Diskette A: in das Stammverzeichnis von B:
`B:\> copy c:\fa\est\est.txt a:\fin_amt`	Kopiert die Datei EST.TXT aus dem Verzeichnis \FA\EST der Platte C: auf Diskette A: in das zuvor angelegte Verzeichnis \FIN_AMT.
`C:\>del \steuer\umsatz*.*`	Löscht alle Dateien im Verzeichnis \STEUER\UMSATZ der Platte C:.
`A:\>type c:\autoexec.bat`	Listet die Datei AUTOEXEC.BAT aus dem Stammverzeichnis der Platte C: auf.

Begriff

Ein **Pfad** ist eine Folge von hierarchisch aneinandergereihten und durch \ (backslash) getrennten Verzeichnisnamen, denen eine Laufwerksbezeichnung vorangestellt sein kann. Der erste backslash bzw. ein backslash alleine bezeichnet das Stamm- bzw. Hauptverzeichnis. Alle folgenden backslashes haben lediglich die Funktion von Trennzeichen.

Beispiele:

`DIR \`	Anzeigen des Stammverzeichnisses
`DIR \TEXT\AMT`	Anzeigen des Verzeichnisses AMT, das dem Verzeichnis TEXT untergeordnet ist, welches am Stammverzeichnis angebunden wurde.
`DIR A:\DOS`	Anzeigen des DOS-Verzeichnisses auf A:

2.9.1 Verzeichnis anlegen (MD)

MD Pfad **(intern)**

Der Befehl **MD** ist die Abkürzung für **M**ake **D**irectory und bedeutet "erstelle Verzeichnis". Der Parameter *Pfad* kann aus einer Verzeichnisangabe oder aus Laufwerk *plus* Verzeichnisangabe bestehen.

Ausführungsbeispiele:

```
C:\> md steuer

C:\> md steuer
Verzeichnis existiert bereits

C:\> md \steuer\einkomm

C:\> md a:\dos
```

Abb. 74: Anlegen von Unterverzeichnissen

Im zweiten Ausführungsbeispiel wurde versucht, ein zweites Verzeichnis gleichen Namens anzulegen.

Weitere DOS-Befehle:	**Systemreaktion:**
`A:\>md c:\steuer\gewerb`	Das Unterverzeichnis GEWERB wird an das Unterverzeichnis \STEUER auf der Platte C: geknüpft.
`C:\STEUER> md gewerb`	Das Ergebnis ist dasselbe wie beim vorangehenden Befehl.
`C:\>md b:\privat`	Auf der Diskette im Laufwerk B entsteht das Verzeichnis \PRIVAT.

2.9.2 Verzeichnis wechseln (CD)

CD [Laufwerk:][Pfad]	(intern)

CD kommt von **C**hange **D**irectory, "wechsle Verzeichnis". Der Verzeichniswechsel stellt das System auf ein anderes Verzeichnis ein. Der Verzeichniswechsel findet nicht statt, wenn Sie keinen Parameter oder nur ein Laufwerk als Parameter angeben. Dann zeigt CD die aktuelle Verzeichniseinstellung an.

Das System erwartet Dateien und externe Befehle immer zuerst im aktuell eingestellten Verzeichnis. Nur wenn der Dateibenennung ein Pfad vorangestellt wird, durchsucht das System das im Pfad angegebene Verzeichnis. Um sich das wiederholte Eintippen von Pfaden zu ersparen, stellen Sie das gewünschte Verzeichnis ein.

Ausführungsbeispiele:

```
C:\> cd \einkomm
Ungültiges Verzeichnis

C:\> cd \steuer\einkomm

C:\STEUER\EINKOMM> cd ..

C:\STEUER> cd a:\dos

C:\STEUER> cd a:
A:\DOS
```

Abb. 75: CD-Befehle

Im ersten Ausführungsbeispiel wurde kein korrekter Pfad genannt, denn das Verzeichnis EINKOMM ist an das Verzeichnis \STEUER geknüpft. Ist der DOS-Prompt auf die Anzeige von Verzeichnissen eingestellt, informiert er Sie, wie im Beispiel, über das neue aktuelle Verzeichnis. Im dritten Ausführungsbeispiel stellen zwei dem CD-Befehl folgende Punkte das übergeordnete Verzeichnis ein. Die folgende Zeile ändert das aktuelle Verzeichnis der Diskette A und der letzte Befehl zeigt diese Änderung an.

Hinweis:
Wenn Sie die im Ausführungsbeispiel (vgl. oben) aufgeführten Einstellungen zugrunde legen, dann haben die folgenden Befehle eine zunächst überraschende Wirkung:

Weitere DOS-Befehle:	Systemreaktion:
`C:\> copy *.* a:`	Alle Dateien des Stammverzeichnisses von C werden nach A:\DOS kopiert.
`C:\> del a:*.com`	Alle externen Befehle mit der Erweiterung .COM im Verzeichnis \DOS von A wurden gelöscht.

Wenn Sie nur die Laufwerksbezeichnung, nicht aber die Verzeichnisangabe für das Ziel des Befehls angeführt haben, nimmt DOS das zuvor eingestellte Verzeichnis als Zielverzeichnis an.

Weitere DOS-Befehle:	Systemreaktion:
`C:\STEUER> cd \` `C:\>`	Das Stammverzeichnis ist nun das aktuelle Verzeichnis.
`C:\STEUER\EINKOMM> cd ..\umsatz` `C:\STEUER\UMSATZ>`	Das auf gleicher Verzeichnisebene liegende Verzeichnis \STEUER\UMSATZ wurde aktuell.
`C:\STEUER\EINKOMM>cd\steuer\umsatz` `C:\STEUER\UMSATZ>`	Gleiche Wirkung wie der vorangegangene Befehl.

2.9.3 Verzeichnis entfernen (RD)

RD Pfad **(intern)**

Ein Verzeichnis läßt sich mit dem Befehl **RD** (**R**emove **D**irectory, entferne Verzeichnis) löschen. Das System löscht nur leere Verzeichnisse, d.h., es dürfen keine Dateien bzw. Unterverzeichnisse in einem zu entfernenden Verzeichnis stehen.

Im zweiten Ausführungsbeispiel (vgl. Abb. 76) wurde der Befehl zwar richtig geschrieben, doch das Verzeichnis A:\DOS war nicht leer. Um es zu entfernen, müssen zuerst alle Dateien und Unterverzeichnisse gelöscht werden.

Ausführungsbeispiele:

```
C:\> rd \steuer\einkomm

C:\> rd a:\dos
Ungültiger Pfad, kein Verzeichnis,
oder Verzeichnis nicht leer
```

Abb. 76: RD-Befehle und Nachrichten

Weitere DOS-Befehle:	**Systemreaktion:**
`C:\> rd a:\steuern\umsatz`	Das Verzeichnis \STEUERN\UMSATZ wird entfernt.
`A:\> rd \`	Das System meldet: "Ungültiger Pfad, kein Verzeichnis, oder Verzeichnis nicht leer"

Stammverzeichnisse können nicht gelöscht werden.

2.9.4 Verzeichnisbaum anzeigen (TREE)

TREE [Laufwerk:] [Pfad] [/A][/F] **(extern)**

Der Befehl **TREE** (dt. Baum) bildet den Verzeichnisbaum einer Diskette/Platte auf dem Bildschirm ab.

Parameter:

/A Darstellung ohne Grafikzeichen des PC-Zeichensatzes
/F Außer den Verzeichnisnamen werden auch die in den Verzeichnissen befindlichen Dateien angezeigt.

Ausführungsbeispiel:

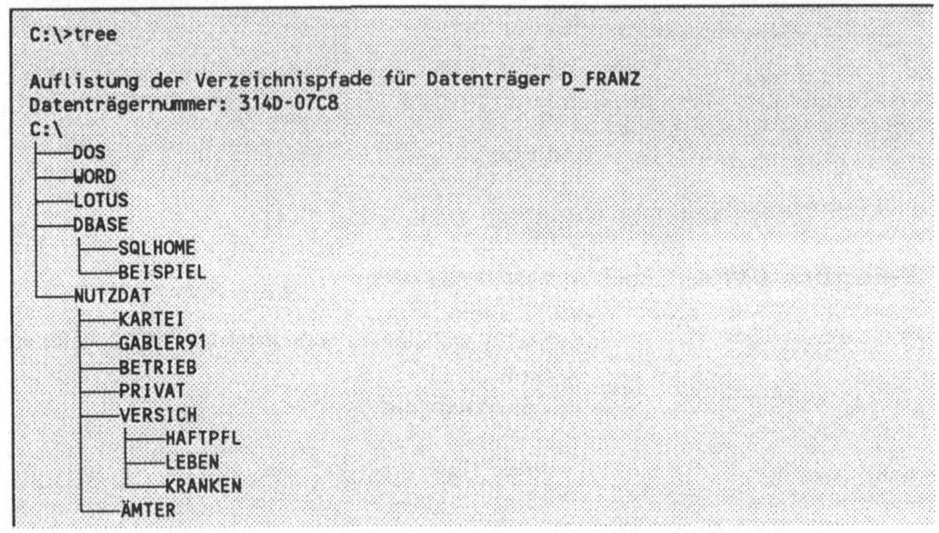

```
C:\>tree

Auflistung der Verzeichnispfade für Datenträger D_FRANZ
Datenträgernummer: 314D-07C8
C:\
├──DOS
├──WORD
├──LOTUS
├──DBASE
│  ├──SQLHOME
│  └──BEISPIEL
└──NUTZDAT
   ├──KARTEI
   ├──GABLER91
   ├──BETRIEB
   ├──PRIVAT
   ├──VERSICH
   │  ├──HAFTPFL
   │  ├──LEBEN
   │  └──KRANKEN
   └──ÄMTER
```

Abb. 77: TREE-Befehl ohne Parameter

Die Abbildung zeigt eine beispielhafte Gliederung der Verzeichnisse:

- Die Betriebssystemdateien (DOS) und alle Anwendungsprogramme sind in direkt dem Stammverzeichnis untergeordneten, separaten Verzeichnissen untergebracht.

- Alle Nutzdateien wurden nach sachlogischen Gesichtspunkten gegliedert und einem Verzeichnis der zweiten Ebene mit dem Namen NUTZDAT zugeordnet. In diesen Verzeichnissen sind Textdaten, Grafiken, Tabellen usw. miteinander vermischt. Eine Ausnahme bilden hier die Datenbankdateien, im Beispiel das Verzeichnis KARTEI.

Die Gliederung der Nutzdatenverzeichnisse ist sachlogisch, d.h., sie richtet sich nach sachinhaltlichen Aspekten. Die Vermischung der unterschiedlichen Nutzdateiarten, z.B. Texte, Grafiken, Tabellen, in den Nutzdatenverzeichnissen ist unschädlich, weil die einzelnen Anwendungsprogramme ihre Nutzdateien automatisch an den Erweiterungen erkennen und auseinanderhalten, z.B. .TXT=Textdatei, .PIC=Grafik usw.

Hinweis:
Mit der Abgrenzung der Nutzdaten von den Programmdaten auf der 3. Verzeichnisebene vereinfachen Sie Ihre Datensicherung. In der Regel sichert man Programmdateien nur einmal, weil sie sich im Laufe der Zeit nicht verändern. Die Nutzdaten unterliegen einer ständigen Fortschreibung und müssen öfter gesichert werden. Sie brauchen bei Ihrer Datensicherung mit dem Befehl BACKUP nur das Verzeichnis C:\NUTZDAT und den Parameter /S anzugeben. Nun werden ausschließlich die Dateien der Nutzdatenverzeichnisse gesichert.

Weitere DOS-Befehle:	**Systemreaktion:**
`C:\> tree \nutzdat`	Sie können mit dem TREE-Befehl auch Teile des Verzeichnisbaums anzeigen lassen.
`C:\> tree a: /f`	Zusätzliche Anzeige der Dateien innerhalb der Verzeichnisse von A:, mit Ausnahme der verborgenen Dateien.

2.9.5 Suchpfade für Programme festlegen (PATH)

PATH [Pfad] [;Pfad] ... **(intern)**

Ein Programm- bzw. Befehlsaufruf veranlaßt das System, den entsprechenden Dateinamen im aktuellen Verzeichnis zu suchen. Mit dem **PATH**-Befehl (path=Pfad) teilen Sie DOS mit, daß es Befehlsdateien, die Sie ausführen wollen, auch in anderen Verzeichnissen suchen soll. Das System sucht dann Befehle und Anwendungsprogramme zunächst im aktuellen Verzeichnis. Wenn sie dort nicht zu finden sind, prüft es nacheinander alle im Pfadbefehl genannten Verzeichnisse durch. Ein sicheres Zeichen dafür, daß DOS Ihren Befehl nicht gefunden hat, ist die Nachricht:

```
Falscher Befehl oder Dateiname
```

Im PATH-Befehl dürfen mehrere durch Semikolon getrennte Verzeichnisse genannt werden.

Der Befehl PATH alleine ohne Parameter eingegeben, gibt Auskunft über den eingestellten Pfad.

Der PATH-Befehl speichert den Parameter, den Sie eingeben, in der sog. Systemumgebung von DOS (Environment). Dies ist ein Speicherbereich für diverse Systemvariablen, den DOS beim Start im Arbeitsspeicher einrichtet. PATH ohne Parameter macht die dort abgelegte PATH-Variable sichtbar.

Ausführungsbeispiele:

```
C:\> path c:\dos

C:\> path
PATH=C:\DOS
```

Abb. 78: PATH-Befehle

Der PATH-Befehl bezieht sich nur auf den Aufruf **ausführbarer Dateien**, also nur auf Dateien des Typs **COM**, **EXE** und **BAT** und nur für den Fall, daß Sie das Programm zur Ausführung aufrufen.

Gesetzt den Fall, daß die PATH-Variable wie im Ausführungsbeispiel aussieht und im Verzeichnis C:\DOS der Stapel-Befehl FORM720.BAT gespeichert wurde. Falls Sie nun den folgenden Befehl eingeben,

```
C:\> format720 a:
```

findet DOS den Befehl und führt ihn aus. Wenn Sie die Datei jedoch anzeigen lassen möchten,

```
C:\> type form720.bat
```

erscheint die Meldung "Datei nicht gefunden".

Weitere DOS-Befehle:	**Systemreaktion:**
`A:\> path c:\norton`	Das System findet Befehle im aktuellen Verzeichnis und im Verzeichnis \NORTON der Platte C.
`A:\> path c:\;c:\dos;\c:\word`	DOS sucht nun von Ihnen eingegebene Befehle in den Verzeichnissen: A:\ C:\ C:\DOS C:\WORD
`C:\> path` `PATH=C:\;C:\DOS;C:\WORD`	Auf den PATH-Befehl ohne Parameter antwortet DOS mit der aktuellen Pfadvorgabe.

Hinweis:
Der PATH-Befehl wird i.d.R. in die Stapeldatei AUTOEXEC.BAT gestellt, die für die Systemanpassung beim Start sorgt.
Sie sollten den Pfadangaben (wie in den Beispielen) immer das Laufwerk voranstellen, dann findet DOS die Befehle auch nach einem Laufwerkwechsel (z.B. Wechsel von C: nach A:).

2.9.6 Verzeichnisstrukturen mit Dateien kopieren (XCOPY)

XCOPY Quelle Ziel [/E] [/M] [/P] [/S] [/V] **(extern)**

Der **XCOPY**-Befehl kann auf die gleiche Weise wie der COPY-Befehl eingesetzt werden, aber er ist leistungsfähiger als dieser, ein wahrer Allround-Kopierbefehl. Er kopiert nicht nur Dateien, sondern ganze Verzeichnisstrukturen samt den darin befindlichen Dateien. Darüber hinaus arbeitet er zeitsparend, wenn Sie mehrere Dateien kopieren wollen. Er liest zunächst so viele Dateien wie möglich in den Arbeitsspeicher ein und schreibt sie dann ins Zielverzeichnis. COPY liest immer nur eine Datei, um sie dann sofort zu schreiben.

Quelle und Ziel können sein:

- eine Laufwerksbezeichnung
- Laufwerk mit Verzeichnispfad und/oder Dateiangabe:
  Wenn das Zielverzeichnis nicht existiert, kann es XCOPY selbst anlegen.

Parameter:

XCOPY kann mit einer verwirrenden Anzahl von Parametern arbeiten. Nur die wichtigsten werden hier genannt.

/S Der meistgebrauchte ist wohl /S. Falls Sie diesen Parameter einsetzen, sucht XCOPY nach allen an das Quellverzeichnis angebundenen Unterverzeichnissen und kopiert die vorgefundene Verzeichnisstruktur komplett mit Dateien auf das Ziellaufwerk bzw. an das Zielverzeichnis.

/E Mit Parameter /E legt XCOPY auch leere Unterverzeichnisse im Zielverzeichnis an.

/M Mit Parameter /M werden nur Dateien kopiert, die das Archiv-Attribut (vgl. DOS-Shell, Attribute) besitzen. Beim Kopieren entfernt XCOPY mit /M das Archiv-Attribut an den kopierten Dateien. Beim nächsten XCOPY werden diese Dateien nicht mehr erfaßt. Die Anwendung von /M ist beispielsweise zu empfehlen, wenn Sie mehr Dateien auf Diskette kopieren wollen, als darauf passen. Sie legen nach der Meldung "Nicht genug Platz auf Diskette/Platte" die nächste Diskette ein und wiederholen den gleichen XCOPY-Befehl. Dann setzt XCOPY den Kopiervorgang mit den Dateien fort, die das Archiv-Attribut noch besitzen. Diese Kopiermethode funktioniert nicht, wenn die Größe einzelner Dateien die Diskettenkapazität überschreiten. In diesem Fall verwenden Sie BACKUP und evtl. RESTORE.

/P Parameter /P fordert für jede Datei, den Kopiervorgang zu bestätigen.

/V Parameter /V führt eine Schreib-Lese-Prüfung durch. Er stellt sicher, daß übertragene Dateien auch richtig angekommen und fehlerfrei lesbar sind.

Ausführungsbeispiel:

```
C:\NUTZDAT\GABLER91> xcopy *.txt a:\
Einlesen der Quelldatei(en) ...
DOS21.TXT
DOS25.TXT
DOS30.TXT
DOS38.TXT
Einlesen der Quelldatei(en) ...
DOS42.TXT
DOS45.TXT
DOS58.TXT
        7 Datei(en) kopiert
```

Abb. 79: XCOPY-Befehl und Meldungen

Das Beispiel zeigt, die 7 Dateien wurden in 2 Portionen kopiert.

Im nächsten Beispiel kann XCOPY nicht erkennen, ob TEXT ein Verzeichnis auf A: oder ein Dateiname sein soll, weil ein Verzeichnis mit diesem Namen dort noch nicht existiert.

Ausführungsbeispiel:

```
C:\NUTZDAT\GABLER91> xcopy dos21.txt a:\text
Ist TEXT ein Dateiname oder ein Verzeichnisname
auf der Zieleinheit?
(D = Datei, V = Verzeichnis)v
Einlesen der Quelldatei(en) ...
    .    .    usw.
```

Abb. 80: XCOPY fragt nach ...

Der Benutzer beantwortet die Frage mit V (=Verzeichnis). Das führt dazu, daß XCOPY nun das Verzeichnis A:\TEXT anlegt und die Datei DOS21.TXT dort hinein kopiert. Hätte der Benutzer mit D (=Datei) geantwortet, wäre die Datei DOS21.TXT unter dem Namen TEXT in A:\ abgelegt worden.

Beispiele:

Sie wollen alle Verzeichnisse für Versicherungsangelegenheiten im Laufwerk A: sichern. Befehl:

```
C:\> xcopy \word\versich a:\ /s
```

Sie teilen durch den Befehl XCOPY mit, es soll das Verzeichnis \WORD\VERSICH inklusive aller darin befindlichen Dateien und untergeordneten Verzeichnisse in das Stammverzeichnis von A: kopiert werden. Die folgende Abbildung zeigt die Struktur nachdem der Befehl ausgeführt wurde:

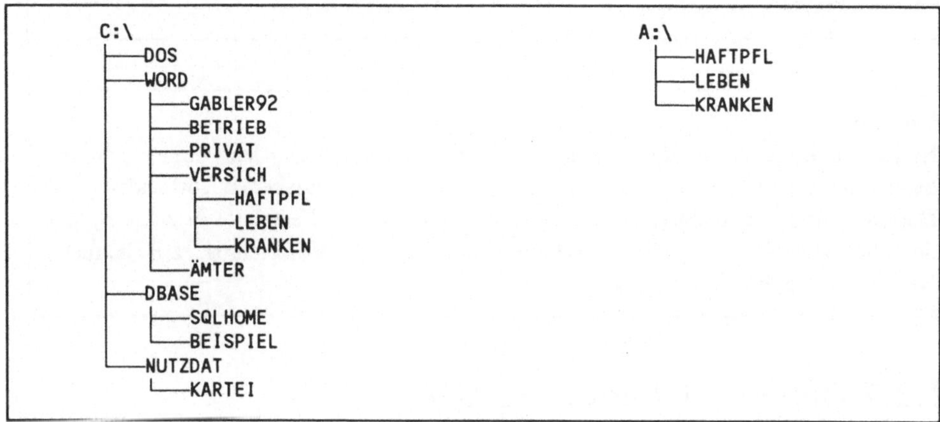

Angenommen Sie wollen die Verzeichnistruktur Ihrer Festplatte ändern. Alle am Verzeichnis \WORD angebundenen Verzeichnisse sollen dem Verzeichnis \NUTZDAT untergeordnet werden. Befehl:

```
C:\> xcopy \word \nutzdat /s
```

Nach Ausführung dieses Befehls wurden die an das Verzeichnis \WORD gebundenen Verzeichnisse nochmal an das Verzeichnis \NUTZDAT angehängt, stehen also doppelt zur Verfügung. Leider gibt es keinen Parameter zum "Bewegen" von Verzeichnisstrukturen, deshalb müssen Sie die kopierten Verzeichnisse im Quellverzeichnis \WORD später löschen, um zum gewünschten Ergebnis zu kommen. Die linke Struktur zeigt die Ausgangslage, die rechte das Ergebnis.

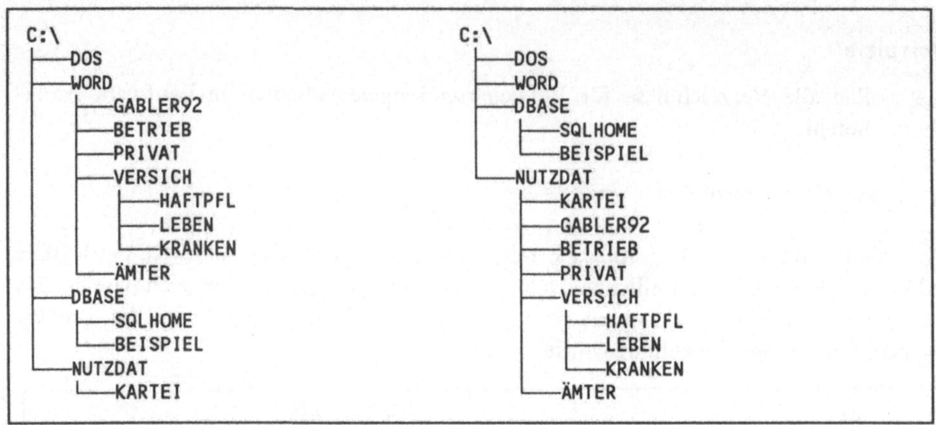

Hinweis:
Es ist üblich, vor allem die Nutzdaten regelmäßig zu sichern, denn die Programmdateien ändern sich nicht und sind zusätzlich auf Originaldisketten vorhanden. Die Datensicherung wird durch eine Verzeichnisstruktur der Festplatte erleichtert, bei der alle Nutzdatenverzeichnisse einem übergeordneten Verzeichnis, z.B. namens NUTZDAT, angegliedert sind.

2.9.7 Dateien sichern (BACKUP)

BACKUP Quelle Ziel [/D:Datum] [F:Format][/M] [/S] (extern)

Datenträger, auch die Festplatte, sind nicht vor Datenverlusten als Folge mechanischer oder elektronischer Fehlfunktionen gefeit. Um Ihre Daten auf der Festplatte vor Verlust zu schützen, sollten Sie den **BACKUP**-Befehl in regelmäßigen Abständen anwenden. Er sichert die Daten Ihrer Festplatte auf Disketten. Sie werden ihn auch brauchen, wenn Dateien, die auf der Festplatte liegen und die Sie transportieren wollen, größer sind als die Kapazität Ihrer Diskette. In diesem Fall teilt BACKUP die Dateien in mehrere Portionen auf.

Hinweis:
Da der XCOPY-Befehl soviele Dateien wie möglich liest, bevor er zu schreiben beginnt, eignet er sich besser als Kopierbefehl bei PCs, die nur ein Diskettenlaufwerk besitzen. In diesem Fall muß auf einem Laufwerk von einer Diskette zur andern zu kopiert werden. DOS benutzt dasselbe Laufwerk beim Lesen als A: (Quellaufwerk) und beim Schreiben als B: (Ziellaufwerk).

Quelle:

- Angabe eines Disketten-/Plattenlaufwerks und/oder Verzeichnispfades. Dem Pfad können Dateiangaben (auch mit Jokern) folgen.

Ziel:

- ein Disketten-/Plattenlaufwerk

Parameter:

BACKUP erlaubt die Verwendung verschiedener Parameter, von denen nur die gebräuchlichsten hier aufgeführt sind:

/D:Datum	Nur ab dem angegebenen Datum erstellte oder veränderte Dateien werden gesichert.
/F:Format	Die Zieldiskette wird, falls notwendig, vor dem Sichern im angegebenen Format formatiert. Übliche Formate: 360, 720, 1200, 1440 und 2880. Bei fehlender Formatangabe wird das für das Laufwerk maximal mögliche Format angenommen.
/M	BACKUP berücksichtigt nur Dateien, die nach der letzten Datensicherung erstellt oder verändert wurden (die ein Archiv-Attribut besitzen).
/S	Alle dem spezifizierten Verzeichnis untergeordneten Verzeichnisse werden ebenfalls gesichert.

Ausführungsbeispiel:

```
C:\> backup c:\*.* a: /s

Sicherungsdiskette 01 in Laufwerk A: einlegen

WARNUNG! Dateien im Stammverzeichnis A:\
des Ziellaufwerks werden gelöscht
Eine beliebige Taste drücken, um fortzusetzen
```

Abb. 81: BACKUP sichert die gesamte Platte C:

Im Beispiel wird die Festplatte C: vollständig, mit allen Verzeichnissen (Parameter /S) auf Laufwerk A: gesichert. Das System fordert Sie auf, eine Diskette ins Laufwerk A: einzulegen. Numerieren Sie alle Sicherungsdisketten sorgfältig und versehen Sie sie mit Datum. Die Numerierung ist wichtig für das Zurückspeichern (vgl. RESTORE-Befehl).

Weitere DOS-Befehle:	**Systemreaktion:**
`C:\> backup c:\text b: /d:9.9.91`	Alle Dateien der Platte C: im Verzeichnis \TEXT, die am 9.9.91 oder danach verändert wurden, ins Laufwerk B: übertragen.
`C:\> backup c: a: /m`	Aus dem aktuellen Verzeichnis nur die Dateien im Laufwerk A: sichern, die seit der letzten Datensicherung geändert wurden.
`C:\> backup c:\nutzdat a: /s`	Aus dem Verzeichnis C:\NUTZDAT und seinen Unterverzeichnissen alle Dateien sichern.
`C:\> backup c:\nutzdat a: /s/m`	Aus dem Verzeichnis C:\NUTZDAT und seinen Unterverzeichnissen alle Dateien sichern, die seit der letzten Datensicherung geändert wurden.

2.9.8 Dateien zurückspeichern (RESTORE)

RESTORE Quelle Ziel [/N] [/P] [/S] (extern)

RESTORE speichert Dateien zurück, die mit dem Befehl BACKUP zuvor gesichert wurden, und zwar in das **gleiche** oder **gleichlautende** Verzeichnis aus dem sie stammen. Wenn gesicherte Unterverzeichnisse auf dem Zieldatenträger fehlen, legt RESTORE sie an.

Quelle:

- ein Disketten-/Plattenlaufwerk

Ziel:

- Angabe eines Disketten-/Plattenlaufwerks und/oder Verzeichnispfades. Dem Pfad können Dateiangaben (auch mit Jokern) folgen.

Parameter:

Auch für RESTORE gibt es eine Reihe von Parametern. Die wichtigsten werden hier besprochen;

/N Nur Dateien, die im Zielverzeichnis fehlen, werden zurückgespeichert. Damit können Sie Dateien wiedergewinnen, die evtl. versehentlich gelöscht wurden.

/P Vor dem Zurückspeichern von Dateien, die entweder das Nur-Lese-Attribut (R) besitzen oder versteckte Dateien sind oder nach der letzten Datensicherung verändert wurden, werden Sie zur Bestätigung aufgefordert.

/S Alle Dateien aus allen Unterverzeichnissen des in Ziel benannten Verzeichnisses werden zurückgeschrieben.

Ausführungsbeispiel:

```
C:\> restore a: /s
Kein Ziellaufwerk angegeben

C:\> restore a: c:\*.* /s

Sicherungsdiskette 01 in Laufwerk A: einlegen
Eine beliebige Taste drücken, um fortzusetzen
```

Abb. 82: RESTORE stellt Dateien und Verzeichnisse auf C: wieder her

Der erste Versuch ging fehl, weil das Ziellaufwerk nicht angegeben wurde. Abweichend von COPY, XCOPY und anderen DOS-Befehlen geht RESTORE nicht davon aus, daß das aktuelle Laufwerk/Verzeichnis das Ziel ist. Das Ziel muß immer bezeichnet werden. Das zweite Befehlsbeispiel ist korrekt. Aus Laufwerk A: werden sämtliche Dateien ins Stammverzeichnis und alle Unterverzeichnisse von C: zurückgeholt. RESTORE fordert Sie auf, die Sicherungsdisketten in der Reihenfolge einzulegen, in welcher Sie mit BACKUP erstellt wurden.

Weitere DOS-Befehle:	Systemreaktion:
`C:\> restore a: c:*.txt`	Alle Dateien mit der Erweiterung .TXT von A: ins aktuelle Verzeichnis von C: speichern.
`C:\> restore a: c:*.* /s/n`	Dateien, die auf dem Ziellaufwerk fehlen, ins Stammverzeichnis und alle Unterverzeichnisse schreiben.
`C:\> restore a: c:\dos\ansi.sys`	Datei ANSI.SYS ins Verzeichnis C:\DOS zurückholen.

2.10 Der Texteditor des MS-DOS (EDIT)

EDIT [Pfad][Datei][/B][/G][/H][NOHI] **(extern)**

Parameter:

/B	Für den Einsatz eines Monochrom-Bildschirms mit Farbgrafikkarte. Bei einem Farbbildschirm wird der Editor monochrom angezeigt.
/G	CGA-Bildschirm wird schneller aktualisiert (nur für CGA-Bildschirme). Falls der Bildschirm sog. "Grieß" zeigt, starten Sie EDIT nochmals ohne die Option /G.
/H	Zeigt Text mit der größtmöglichen Anzahl von Zeilen an. Die Zeilenzahl pro Bildschirm hängt von Ihrer Hardware ab.
/NOHI	Für die Verwendung eines Bildschirms, der Zeichen nicht mit hoher Intensität (Hervorhebung) anzeigen kann.

Eines der Dienstprogramme von DOS ist der Texteditor **EDIT**. Es handelt sich hierbei um eine Art Textverarbeitungsprogramm. EDIT kennt keine Zeichen, Absätze oder sonstige Formate wie sie Textprogramme besitzen. Er kann nur reine Texte ohne Steuerzeichen (sog. ASCII-Dateien) erzeugen. Meistens wird EDIT zum Editieren der Systemanpassungsdateien AUTOEXEC.BAT und CONFIG.SYS sowie zum Erstellen von Stapeldateien verwendet. Sie können damit leicht auch kleinere Notizen, Briefe oder Stapeldateien verfassen, verändern, drucken und speichern.

Dieser Abschnitt behandelt eine Auswahl der wichtigsten EDIT-Befehle. Weitere Befehle und Tastenbelegungen entnehmen Sie der On-Line-Hilfe (Taste <F1>).

Die wichtigsten Tasten:	**Bedeutung:**
Menüleiste	
Alt+D,B,S,O	Menüs der Menüleiste öffnen
Cursorbewegung	
Pfeil-ab/-auf/-rechts/-links	Cursor zeichenweise bewegen
Pos1	Cursor an den Zeilenanfang
Ende	Cursor an das Zeilenende
Bild-ab	Einen Bildschirm nach oben blättern
Bild-auf	Einen Bildschirm nach unten blättern
Strg+Pos1	Cursor an den Textanfang
Strg+Ende	Cursor in die letzte Zeile
Text markieren	
Umschalt+Pfeil-ab	Aktuelle und folgende Zeile(n) markieren
Umschalt+Pfeil-auf	Zeile über der aktuellen und darüberliegende markieren
Umschalt+Pfeil-rechts	Text rechts vom Cursor markieren
Umschalt+Pfeil-links	Text links vom Cursor markieren
Markierten Text kopieren und versetzen	
Alt+Y	Aktuelle Zeile in die Zwischenablage ausschneiden
Umschalt+Entf	Markierten Text in die Zwischenablage ausschneiden
Strg+Einfg	Markierten Text in die Zwischenablage kopieren
Umschalt+Einfg	Text aus der Zwischenablage vor dem Cursor einfügen
Löschen	
Entf	Einzelnes Zeichen an der Cursorposition oder markierten Text löschen
Rücktaste	Zeichen links vom Cursor löschen

Diverse

Enter	Zeile abschließen und neue Zeile öffnen
Pos1, Enter	Neue Zeile über der aktuellen Zeile öffnen
Ende, Enter	Neue Zeile unter der aktuellen Zeile öffnen
Einfg	Einfüge-/Überschreibemodus umschalten

2.10.1 Erster Kontakt mit EDIT

Im folgenden Beispiel wird angenommen, Sie wollen in Ihrem Betrieb eine Hausmitteilung verfassen. Die Datei soll HAUSMIT.TXT heißen, eine Datei gleichen Namens existiert noch nicht auf der Diskette im Laufwerk A.

Ausführungsbeispiel:

```
C:\> edit a:\hausmit.txt
```

Abb. 83: Aufruf von EDIT mit einer Textdatei

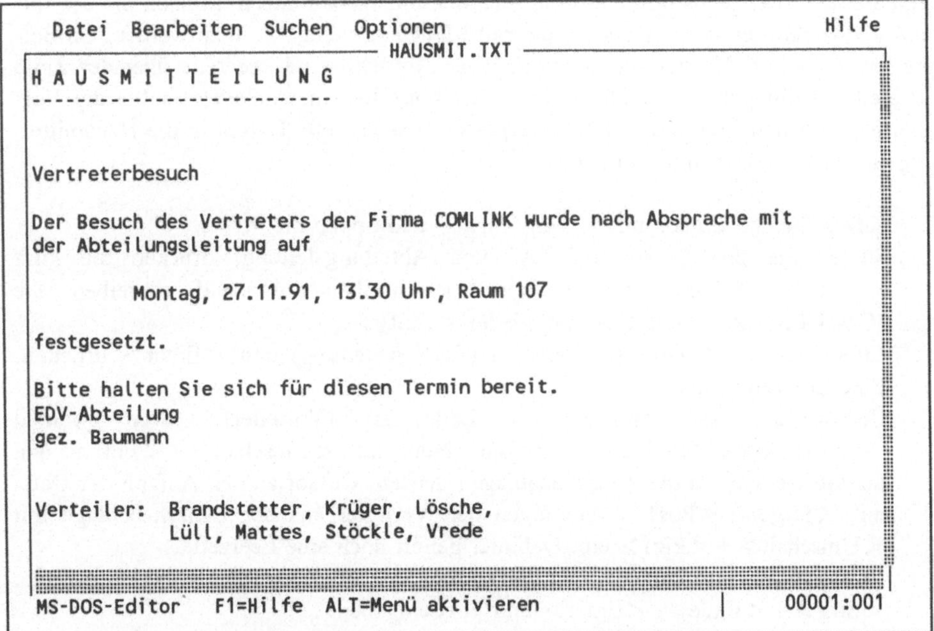

```
  Datei  Bearbeiten  Suchen  Optionen                                    Hilfe
                              HAUSMIT.TXT
H A U S M I T T E I L U N G
---------------------------


Vertreterbesuch

Der Besuch des Vertreters der Firma COMLINK wurde nach Absprache mit
der Abteilungsleitung auf

        Montag, 27.11.91, 13.30 Uhr, Raum 107

festgesetzt.

Bitte halten Sie sich für diesen Termin bereit.
EDV-Abteilung
gez. Baumann


Verteiler:  Brandstetter, Krüger, Lösche,
            Lüll, Mattes, Stöckle, Vrede

MS-DOS-Editor   F1=Hilfe  ALT=Menü aktivieren                |     00001:001
```

Abb. 84: EDIT mit erfasstem Text

Nachdem Sie EDIT gestartet haben und die Datei HAUSMIT.TXT neu eröffnet wurde, geben Sie Ihren Text (vgl. Beispiel) ein. Schließen Sie jede Zeile mit <Enter> ab.

Die maximale Zeilenlänge beträgt 255 Zeichen. EDIT macht keinen automatischen Zeilenumbruch.

Hinweise zum EDIT-Bildschirm:
Die erste Zeile ist die Menüleiste.
Die Bildlaufleisten (rechts und unten) geben die Position des Cursors im Gesamttext an (vgl. auch Dateimanager, "Bildlaufleiste").
Die letzte Zeile gibt Tastenhilfen und zeigt die Position des Cursors in Zahlen an (Zeilen: Spalten).

Das Wichtigste ist nun, den Text sofort zu speichern. Drücken Sie <Alt> und <D> oder klicken Sie "Datei" in der Menüleiste an. Das Datei-Menü von EDIT öffnet sich. Geben Sie S für speichern ein oder klicken Sie "Speichern" an. Der Text ist nun unter dem Namen HAUSMIT.TXT gespeichert. Sie können weiterarbeiten.

Beispiele zur Korrektur von Eingabefehlern

Falls Sie den Text wie abgebildet übungshalber eingegeben haben, können Sie die folgenden Korrekturen nachvollziehen, um mit EDIT ein wenig warm zu werden. Im Beispiel ist in Zeile 6 "Firma" falsch geschrieben. Es fehlt eine Leerzeile über der Zeile 14. Statt Abteilungsleitung muß es Geschäftsleitung heißen. Außerdem sollte der Verteiler ganz oben stehen und es wurde vergessen, das aktuelle Datum in die Hausmitteilung einzusetzen. Gehen Sie so vor:

- Setzen Sie den Cursor auf "r" von "Firma" und tippen Sie <i>.
- Stellen Sie den Cursor auf "A" von Abteilungsleitung, drücken Sie kurz <Einfg> (Schalter für Einfüge-/Überschreibemodus) und schreiben Sie "Geschäfts", dann <Entf> und wieder <Einfg>.
- Cursor an den Anfang der Zeile 15 (EDV-Abteilung) und <Enter> drücken. Eine Leerzeile entsteht.
- Cursor an den Anfang von Zeile 20 (Verteiler), dann zweimal <Umschalt>+<Pfeil-ab> drücken. Nun mit <Umschalt>+<Entf> den markierten Text in die Zwischenablage schaffen. Cursor an den Anfang der Datei mit <Strg>+<Pos1>. Sie fügen den Verteiler aus der Zwischenablage mit <Umschalt>+<Einf> ein. Dahinter gehört noch eine Leerzeile.
- Entfernen Sie nun Zeile 7 (leer) und setzten Sie Ort und Datum in die letzte Zeile: <Strg>+<Ende>, <Enter> und Text eingeben.

2.10.2 Menüleiste von EDIT

2.10.2.1 Menü Datei

Das Datei-Menü (<Alt> + <D>) bietet einige Punkte zur Dateibehandlung und einen Punkt "Beenden" an, mit dem Sie das Programm verlassen. Die Menüpunkte wählen Sie mit der Maus, dem Cursor (ab, auf) oder einem Buchstaben (hell unterlegt).

Neu

Hiermit erstellen Sie eine neue Datei, falls Sie einen neuen Namen nicht schon beim Start von EDIT angegeben haben. Sie haben nun noch Gelegenheit, eine bereits geladene Datei vorher zu speichern.

Öffnen

Der Menüpunkt öffnet eine Dialogbox mit Hilfe derer Sie eine Textdatei laden können. EDIT erkennt Textdateien (.TXT) und zeigt ihre Namen an. Mit der Maus oder <Tab>-Taste, <Pfeil-ab/-auf> und Cursor können Sie eine Datei wählen, sowie das aktuelle Verzeichnis und das aktuelle Laufwerk wechseln.

Wenn Sie eine Datei oder ein Unterverzeichnis mit dem Cursor erreicht haben, drücken Sie <Leertaste> oder <Pfeil-ab>. Die Datei/das Verzeichnis wird angezeigt. Dann drücken Sie <Enter>. Falls Sie eine Datei markiert hatten, lädt EDIT diese Datei. War ein Verzeichnis markiert, dann zeigt EDIT im linken Fenster alle .TXT-Dateien in diesem Verzeichnis an. Im rechten Fenster werden alle untergeordneten Verzeichnisse und die vorhandenen Laufwerke aufgeführt. In der ersten Zeile des rechten Fensters bemerken Sie zwei Punkte (..). Das ist der Zugang zum übergeordneten Verzeichnis.

Mit der Maus sind Sie schneller. Sie wählen Verzeichnisse und öffnen Dateien mit Doppelklick.

Speichern

Die gerade geladene Datei wird gespeichert. Falls die Datei noch keinen Namen besitzt, verlangt das System eine entsprechende Eingabe. Aus einer Dialogbox ist es Ihnen möglich, mit der Maus oder <Tab>, <Pfeil-ab/-auf>, <Leertaste> und <Enter> ein Zielverzeichnis oder ein Laufwerk auszusuchen. Die Vorgehensweise ist die gleiche wie beim Menüpunkt "Öffnen". Sie können vor den Dateinamen nach den üblichen Regeln auch Laufwerk und Pfad setzen.

Speichern unter

Wenn Sie Ihre Datei unter einer vom bisherigen Namen abweichenden Benennung speichern wollen, ist das der richtige Menüpunkt.

Drucken

Die geladene Datei wird gedruckt. Voraussetzung: PRINT muß zuvor einmal ausgeführt worden sein (vgl. PRINT-Befehl).

Beenden

EDIT wird beendet. Falls Ihre Datei in der derzeitigen Form noch nicht gespeichert ist, können Sie das jetzt nachholen.

2.10.2.2 Menü Bearbeiten

Die Menüpunkte **Ausschneiden, Kopieren** und **Löschen** setzen voraus, daß Sie zuvor Textteile markiert haben. Beachten Sie auch die Beschreibung der entsprechenden Tastenbelegung oben in diesem Abschnitt.

Ausschneiden

Markierter Text wird aus der Datei in die Zwischenablage übertragen. Die Zwischenablage, ein Speicherbereich des EDIT, hält den Text für eine weitere Verwendung bereit.

Kopieren

Markierter Text wird in die Zwischenablage kopiert.

Einfügen

Der Menüpunkt verwendet den Text aus der Zwischenablage und kopiert ihn vor die aktuelle Cursorposition. Der Text bleibt in der Zwischenablage erhalten und kann beliebig oft weiterverwendet werden. Erst wenn Sie die nächste Markierung anbringen, leert EDIT die Zwischenablage.

Löschen

Der Befehl entfernt den markierten Text.

2.10.2.3 Menü Suchen

Mit diesem Menü sind Sie in der Lage, Textteile, Worte und Wortfragmente (sog. Zeichenketten) im Text aufzusuchen und automatisch auszutauschen. EDIT sucht eine Zeichenkette stets von oben nach unten. Positionieren Sie also zuerst den Cursor, z.B. mit <Strg> + <Pos1>.

Suchen

Die Dialogbox verlangt die gesuchte Zeichenkette. Sie entscheiden außerdem, ob bei der Suche zwischen Groß- und Kleinschreibung unterschieden wird (in der eckigen Klammer <Leertaste> betätigen), und ob die gesuchte Zeichenkette von Leerzeichen eingeschlossen, also ein "ganzes Wort" ist.

Weitersuchen

Den Punkt ersetzen Sie vorteilhafter durch die Taste <F3>. Nach Auffinden einer passenden Zeichenkette wird die Suche damit fortgesetzt.

Ändern

Der Menüpunkt bewirkt den automatischen Austausch einer Zeichenkette. Sie bestimmen Zeichenkette und Ersatzzeichenkette und die bereits bekannten Parameter. Dann bestimmen Sie, ob der Austausch der Textteile mit oder ohne Bestätigung durch Sie von statten gehen soll.

2.10.2.4 Menü Optionen

Bildschirmanzeige

Es wird Ihnen sicher Spaß machen, Ihren EDIT-Bildschirm farblich ganz nach Ihrem Geschmack einzurichten. Mit <Tab> und Cursor-Tasten oder Maus können Sie aus 16 Farben Vordergrund und Hintergrund des Textfensters zusammenstellen, die Bildlaufleisten aus- oder einblenden <Leertaste> und den Tabulatorsprung bestimmen.

Pfad für Hilfe

Der einzige Zweck des Menüpunktes ist es, die Lage der Hilfetextdatei EDIT.HLP auf dem Datenträger zu bestimmen.

2.11 Stapeldatei zur Systemanpassung (AUTOEXEC.BAT)

Das Betriebssystem MS-DOS bietet die Möglichkeit, "Stapel" von DOS-Befehlen abarbeiten zu lassen. DOS-Befehle werden in einer Datei mit der Erweiterung **.BAT** (batch = Stapel) zusammengefaßt und durch Aufruf des Dateinamens wie ein externer Befehl zur Ausführung gebracht. Die Stapeldatei ist selbst wieder eine Befehlsdatei, die eine Reihe von Befehlen zusammenfaßt. Mittels Stapeldateien können Sie sogar selbst individuelle Befehle zusammenstellen.

Eine besondere Stapeldatei ist die Datei AUTOEXEC.BAT. Sie spielt beim Systemstart eine wichtige Rolle. Nachdem beim Systemstart die Datei COMMAND.COM geladen wurde, sucht diese im Stammverzeichnis nach der Stapeldatei AUTOEXEC.BAT (automatical execution), um sie automatisch auszuführen. Alle Befehle, die Sie in die Stapeldatei AUTOEXEC.BAT schreiben, werden so ohne Ihr Zutun abgearbeitet.

Mit der Datei AUTOEXEC.BAT können Sie Ihre individuelle Systemeinstellung schaffen. Vor jeder Arbeitssitzung nimmt das System dank AUTOEXEC.BAT bestimmte Einstellungen selbsttätig vor. Ein Programm, das Sie immer direkt nach dem Systemstart benutzen wollen, lassen Sie durch AUTOEXEC.BAT automatisch starten, z.B. eine Benutzeroberfläche.

Folgende wichtige Anweisungen sollten bereits beim Systemstart durch die AUTOEXEC.BAT ausgeführt werden:

- **APPEND**
- **DOSKEY**
- **DOSSHELL**
- **PATH**
- **PRINT**

Hinzu kommen weitere Befehle, die in früheren Abschnitten noch nicht erwähnt wurden, weil sie praktisch nur in der AUTOEXEC.BAT vorkommen:

- **FASTOPEN**
- **KEYB**
- **PROMPT**
- **MIRROR**
- **SET**

Lassen Sie sich die AUTOEXEC.BAT mit dem TYPE-Befehl anzeigen:

Ausführungsbeispiel:

```
C:\> type autoexec.bat

@ECHO OFF
C:\DOS\KEYB GR,,C:\DOS\KEYBOARD.SYS
PROMPT $P$G
PATH C:\DOS
SET TEMP=C:\DOS
DOSSHELL
```

Abb. 85: Die AUTOEXEC.BAT nach der Installation von DOS 5.0

Das Installationsprogramm SETUP (vgl. Abschn. 2.5) erzeugt eine AUTOEXEC.BAT. Die Abb. 44 zeigt ihren Inhalt. Im Laufe dieses Abschnitts erhalten Sie Tips, wie Sie die Datei Ihren Wünschen anpassen können. Die Datei AUTOEXEC.BAT erzeugen und verändern Sie mit EDIT.COM.

Der erste Befehl in der AUTOEXEC.BAT ist gewöhnlich

ECHO OFF oder @ECHO OFF.

Der Befehl hat keine Auswirkungen auf das System. Er soll lediglich die nachfolgenden Programmaufrufe vor den Augen des Anwenders verstecken.

Die Befehle APPEND, DOSKEY, PATH und PRINT wurden bereits behandelt, der Befehl DOSSHELL ruft die Benutzeroberfläche des DOS auf. Der Befehl kann entfallen, wenn die grafische DOS-Benutzeroberfläche unerwünscht ist oder durch den Aufruf einer anderen Benutzeroberfläche ersetzt wird.

Die im folgenden empfohlenen Änderungen der AUTOEXEC.BAT führen Sie am besten mit einem Editor, z.B. EDIT, durch.

2.11.1 Dateizugriffe beschleunigen (FASTOPEN)

FASTOPEN Laufwerk:[=Zugriffe] . . . /X **(extern)**

Immer wenn DOS auf eine Datei zugreift, muß es jedesmal erneut die Verzeichnisse des Zugriffspfades durchsuchen und die Dateibelegungstabelle (vgl. Abschnitt 2.13) lesen. Das kann abhängig von Plattenbelegung und Verzeichnisstruktur zeitaufwendig sein. FASTOPEN erzeugt und verwaltet einen sog. Cache-Speicher (Zwischenspeicher) für Dateinamen. Das bedeutet, es speichert die Lage von Dateien auf dem Datenträger resident im Arbeitsspeicher und ermöglicht so einen direkten Zugriff auf die gewünschten Dateien.

Ausführungsbeispiel:

```
C:\ fastopen c:=200

FASTOPEN installiert
```

Abb. 86: FASTOPEN wird installiert

Parameter:

Wenn Sie FASTOPEN nur mit dem Parameter *Laufwerk:* aufrufen, speichert es standardmäßig lediglich die Pfade von 48 Dateizugriffen. Die Angabe mehrerer Festplatten ist möglich.

Laufwerk:	Festplattenlaufwerk, für das ein Zwischenspeicher (Cache) für Plattenzugriffe eingerichtet werden soll. Es können mehrere Plattenlaufwerke sein.
Zugriffe	Anzahl der zu speichernden Dateipositionen aufgrund vorausgegangener Zugriffe. Gültige Werte 10-999. Jeder Eintrag belegt 48 Byte im RAM.
/X	FASTOPEN verwendet den Expanded Memory (nicht Extented Memory) sofern vorhanden (vgl. auch EMM386.EXE in Abschn. 2.12).

Weitere DOS-Befehle:	**Systemreaktion:**
C:\> fastopen c: d:	48 Zugriffe auf C: und auf D: speichern
C:\> loadhigh fastopen c:=150	FASTOPEN, falls verfügbar, in den Upper Memory laden. 150 Zugriffe auf C: festhalten
C:\> fastopen c:=200 /x	200 Zugriffe für C: im Extended-Memory-Bereich speichern.

2.11.2 Deutsche Tastatur anpassen (KEYB)

KEYB Code[, Zeichensatz, Datei]	**(extern)**

Der IBM-PC und die kompatiblen Personalcomputer sind durch das mitgelieferte Betriebssystem MS-DOS von Haus aus an die US-Tastatur angepaßt. Im deutschsprachigen Raum werden diese PC jedoch mit deutscher Tastatur (Umlaute, ß) ausgeliefert. Deshalb ist **nach jedem Systemstart** eine Anpassung an die deutsche Tastatur nötig.
Der Befehl **KEYB** (keyboard) in Verbindung mit dem Code GR (german) sorgt für die Tastaturanpassung. Es handelt sich bei diesem Befehl um ein Programm, das nach seinem Aufruf resident (ständig im Zentralspeicher) aktiv bleibt. Es wirkt wie ein Filter für alle Tastatureingaben. Alle Tastenanschläge werden geprüft und gegebenenfalls für deutsche Verhältnisse umcodiert.

Die wichtigsten Parameter:

Code	ist abhängig von der Landessprache. In der BRD ist Code GR, in Frankreich FR, in Italien IT usw.

Zeichensatz	Es gibt für den PC verschiedene Zeichensatz-Tabellen, die gängigste ist der Standardzeichensatz mit der Nummer 437. Ein weiterer mehrsprachiger Zeichensatz hat die Nummer 850. Entfällt die Angabe der Zeichensatztabelle, verwendet DOS den Standardzeichensatz. Sie können Zeichensätze umschalten. Die entsprechenden Befehle werden wegen ihrem relativ seltenen Gebrauch in diesem Band nicht behandelt.
Datei	Die Datei KEYBOARD.SYS enthält die für die Tastenbelegung notwendigen Informationen. Sie muß nicht angegeben werden, wenn sie im Stammverzeichnis liegt.

KEYB ohne Parameter informiert Sie über die aktuelle Tastatureinstellung, über den verwendeten Zeichensatz, und ob das System auf einen Seitenwechsel vorbereitet ist.

Ausführungsbeispiele:

```
C:\> keyb gr

C:\> keyb
Aktueller Tastaturcode: GR  Codeseite: 437
Aktive Codeseite für CON Gerät nicht verfügbar
```

Abb. 87: Ausführung von KEYB.COM

Nach Befehlsausführung ist der deutsche Zeichensatz für die Dauer einer Arbeitssitzung "eingeschaltet". Der Befehl sollte durch die Datei AUTOEXEC.BAT beim Systemstart automatisch ausgeführt werden.

Das zweite Befehlsbeispiel zeigt, daß das CON-Gerät (DOS-Name für die Einheit von Tastatur und Bildschirm) nicht für den Zeichensatzwechsel vorbereitet wurde.

Weitere DOS-Befehle:	**Systemreaktion:**
`keyb gr,,c:\dos\keyboard.sys`	KEYBOARD.SYS befindet sich im Verzeichnis C:\DOS. DOS verwendet den Standardzeichensatz (Codeseite 437).
`keyb gr,850,c:\dos\keyboard.sys`	DOS stellt Zeichensatz 850 ein.

Sie können KEYB.COM durch den vorangestellten Befehl LOADHIGH in den Upper-Memory-Bereich laden. Sie sparen so wertvollen Platz im Basisspeicher (vgl. unten: AUTOEXEC.BAT).

Wenn KEYB.COM aktiv ist, können Sie auf DOS-Ebene mit den Tasten

Alt + Strg - F1 bzw. F2

zwischen dem deutschen und dem amerikanischen Zeichensatz hin- und herschalten.

2.11.3 Systemprompt ändern (PROMPT)

PROMPT [Text][Metakommando] (intern)

Der Systemprompt des MS-DOS wird mit dem Befehl PROMPT an die Bedürfnisse des Benutzers angepaßt.

Sie können fast jeden beliebigen Prompt einstellen. Unter anderem kann der Prompt Texte, das Tagesdatum, die Uhrzeit, das aktuelle Laufwerk und das Verzeichnis anzeigen. Dazu dienen Texte und sogenannte **Metakommandos**. Mit Metakommandos läßt sich der Prompt "programmieren". Einem Metakommando muß immer ein **$-Zeichen** (Dollarzeichen) voranstehen. Im folgenden die wichtigsten Metakommandos:

Metakommando	Beschreibung der Systemreaktion:
t	Uhrzeit anzeigen
d	Datum anzeigen
p	Aktuelles Verzeichnis anzeigen
g	Das Zeichen > anzeigen
h	Rückschritt und Löschen eines Zeichens
_	Cursor geht zum Anfang der nächsten Zeile

Ausführungsbeispiele:

```
C:\> prompt Was nun?

Was nun? prompt $d $g$g

Mit 26.06.1991 >> prompt $p --$g

C:\ --> prompt $t$h$h$h$h$h$h :

12.45 : prompt $d$_$p$g

Mit 26.06.1991
C:\> prompt $p$g

C:\>
```

Abb. 88: PROMPT bietet viele Gestaltungsmöglichkeiten

Experimentieren Sie mit dem PROMPT-Befehl, um herauszufinden, welcher Prompt Ihnen gefällt. Aus optischen Gründen empfiehlt es sich, jeden Prompt-Befehl mit einer Leerstelle abzuschließen. Das letzte Beispiel der Abb. 88 zeigt den allgemein üblichen Prompt. Er hebt das aktuelle Verzeichnis hervor und endet mit dem Zeichen >.

2.11.4 Verwaltungsbereiche des Datenträgers sichern (MIRROR)

MIRROR [Laufwerk:] [/PARTN] [/T Laufwerk[-Anzahl]. . .]	(extern)

Ausführungsbeispiel:

```
C:\> mirror c: /tc-300 /ta-100 /tb-100
Erzeugt ein Bild des Systembereichs.
Fehler auf Laufwerk C wird bearbeitet.

Der MIRROR-Vorgang wurde erfolgreich durchgeführt.

Programm zur Löschverfolgung wird installiert.

Folgende Laufwerke werden unterstützt:
Laufwerk A - 100 Dateien gesichert.
Laufwerk B - 100 Dateien gesichert.
Laufwerk C - 300 Dateien gesichert.

Installation ausgeführt.
```

Abb. 89: MIRROR installiert ein residentes Löschverfolgungsprogramm für die Laufwerke A:, B: und C:

Mit **MIRROR** präparieren Sie Ihren PC zur Vermeidung von Datenverlusten. Falls ein Datenträger versehentlich formatiert oder Dateien gelöscht wurden, lassen sich alle Informationen wiedergewinnen, wenn Sie zuvor MIRROR installiert haben. Nur mit der Laufwerksangabe, ohne weitere Parameter eingesetzt, legt MIRROR Dateien mit Informationen des System- und Verwaltungsbereichs eines Datenträgers an (MIRROR.FIL und die versteckte Datei MIRORSAV.FIL). Sie kann später verwendet werden, um den Datenträger nach Löschvorgängen wieder in den ursprünglichen Zustand zurückzuversetzen.

Parameter:

Laufwerk:	Laufwerk, dessen System- und Verwaltungsbereich in einer Sicherheitskopie gespeichert werden soll.
/PARTN	Eine Kopie der Partitionstabelle der angegebenen Festplatte soll auf Diskette gesichert werden. Kein Laufwerk angeben! Die erstellte Datei heißt: PARTNSAV.FIL

/T Ein residentes Löschverfolgungsprogramm soll im Upper Memory - falls verfügbar - installiert werden. Das Programm erstellt eine Datei mit einer Löschverfolgungstabelle (delete-tracking-table, vgl. auch UNDELETE-Befehl), die wichtige Informationen zu gelöschten Dateien festhält (versteckte Datei: PCTRACKR.DEL). Für den Parameter /T müssen Sie den zu überwachenden Datenträger bestimmen und falls nötig die Anzahl der Tabelleneinträge für gelöschte Dateien.

Beispielweise bedeutet der Parameter:

/T*C-250*

Es soll eine Löschverfolgungsdatei für Laufwerk *C:* mit *250* Dateieinträgen geführt werden.

Wenn Sie Upper Memory besitzen (vgl. auch CONFIG.SYS) oder im Basisspeicher noch genügend Platz haben, sollten Sie den MIRROR-Befehl mit dem Parameter /T unbedingt in die Datei AUTOEXEC.BAT aufnehmen. Die Chance, gelöschte Dateien wiederherstellen zu können, wird dadurch wahrscheinlicher (vgl. UNDELETE-Befehl).

Weitere DOS-Befehle:	**Systemreaktion:**
`C:\> mirror c: /TC-300`	Die Löschverfolgung für 300 Dateien im Laufwerk C: wird nun durchgeführt.
`C:\> mirror c: /TC-999 /TA-224`	Löschverfolgungstabellen für Laufwerk C: mit 999 Dateieinträgen (Maximalwert) und für Laufwerk A: mit 224 Einträgen wurden erstellt.
`C:\> mirror /partn`	Die Kopie einer Partitionstabelle wird auf Diskette gespeichert.

2.11.5 Umgebungsvariable definieren (SET)

SET [Variable=Text]	(intern)

Mit dem Befehl **SET** läßt sich ein für DOS reservierter Speicherbereich, sog. Systemumgebung oder Environment, sichtbar machen oder für die Speicherung von Variablen nutzen. Umgebungsvariablen sind vielseitig verwendbar. Anwendungsprogramme und Stapelprogramme können Variablen in die Systemumgebung einbringen und abfragen.

Einige Variable werden schon beim Systemstart durch Befehle der ursprünglichen AUTOEXEC.BAT, wie sie von SETUP erzeugt wurde, eingerichtet.

Ausführungsbeispiel:

```
C:\> SET

PROMPT=$P$G
PATH=C:\DOS
TEMP=C:\DOS

C:\> SET COMSPEC=C:\DOS\COMMAND.COM

PROMPT=$P$G
PATH=C:\DOS
TEMP=C:\DOS
COMSPEC=C:\DOS\COMMAND.COM
```

Abb. 90: SET-Befehle

Im Beispiel Abb. 90 zeigt der SET-Befehl ohne Parameter den Inhalt der Systemumgebung. Drei Variablen wurden bereits durch AUTOEXEC.BAT gesetzt (vgl. Abb. 24). Der Zweck von PROMPT und PATH wurde bereits erläutert. Die Variable TEMP enthält das Verzeichnis, das DOS für die Zwischenspeicherung von (temporären) Dateien verwendet. In der Regel können Sie die meisten von DOS hinterlassenen, temporären Dateien (z.B mit Erweiterung .BAT) unbedenklich löschen. Das gestaltet sich aber umständlich, wenn die Dateien zwischen anderen DOS-Dateien eingestreut im Verzeichnis \DOS stehen.

Empfehlung: Legen Sie ein Verzeichnis an, z.B. C:\TEMPORÄR, und ändern Sie die Variablenzuweisung so ab:

SET TEMP=C:\TEMPORÄR

So haben Sie eine bessere Kontrolle über die temporären Dateien von DOS.

Der zweite SET-Befehl definiert die COMSPEC-Variable. Die COMSPEC-Variable bezeichnet immer das Verzeichnis, das den Kommandointerpreter enthält. Falls der Befehl COMMAND.COM nachgeladen werden muß - dafür gibt es verschiedene Gründe - erfährt DOS, wo COMMAND.COM zu finden ist. Wenn Sie den entsprechenden SET-Befehl, wie in Abb. 90 in die AUTOEXEC.BAT aufnehmen, können Sie COMMAND.COM im Verzeichnis \DOS unterbringen und im Stammverzeichnis löschen (vgl. dazu auch CONFIG.SYS, Abschn. 2.12).

2.11.6 Beispiel für eine sinnvolle AUTOEXEC.BAT

Mit den aus den vorangegangenen Abschnitten gewonnenen Informationen können Sie an die Erstellung einer sinnvollen AUTOEXEC.BAT gehen. Mit dem Texteditor EDIT haben Sie sie schnell geschrieben bzw. abgeändert.

Beispiel für ein Listing der AUTOEXEC.BAT:

```
@ECHO OFF
LOADHIGH C:\DOS\KEYB GR,,C:\DOS\KEYBOARD.SYS
LOADHIGH C:\DOS\DOSKEY /INSERT
LOADHIGH C:\DOS\FASTOPEN C:=200
LOADHIGH C:\DOS\MIRROR C: /TC-300 /TA-224
LOADHIGH C:\DOS\PRINT /D:LPT1: /Q:32
LOADHIGH C:\DOS\APPEND C:\UTIL;C:\LIB
SET COMSPEC=C:\DOS\COMMAND.COM
SET TEMP=C:\TEMPORÄR
PATH C:\DOS;C:\TOOLS
PROMPT $P$G
DOSSHELL
```

Beschreibung der Befehle:

Zeile 1: Der ECHO-OFF-Befehl schaltet die Anzeige der nachfolgenden Befehle der Stapeldatei ab.

Zeile 2 KEYB paßt das System auf die deutsche Tastatur und den Standardzeichensatz ein. Hier wird es mit LOADHIGH in den Upper Memory (UMB) geladen, sofern dort RAM zur Verfügung steht und dieser in der CONFIG.SYS freigegeben wurde (vgl. CONFIG.SYS, Abschn. 2.12).

Zeile 3 Auch DOSKEY kann im UMB arbeiten. DOSKEY speichert die eingegebenen Befehle für ihre weitere Verwendung, der Einfügemodus wurde eingeschaltet.

Zeile 4 FASTOPEN beschleunigt die Dateizugriffe auf der Festplatte C:. Hier speichert es 200 Dateipfade.

Zeile 5 MIRROR erzeugt Löschverfolgungsdateien für C: und A:. Das Programm überwacht Löschvorgänge resident. Es wird auch ohne den LOADHIGH-Befehl in den UMB ausgelagert, sofern dieser vorhanden ist.

Zeile 6 PRINT, auch im hohen Speicher geladen, richtet hier für die erste Parallelschnittstelle eine Druckerwarteschlange für 32 Dateien ein und bleibt resident. Das ist notwendig, wenn Sie über die DOS-Shell drucken wollen.

Zeile 7 Durch APPEND wird DOS angewiesen, nach Nutzdateien in den beiden angegebenen Verzeichnissen zu forschen.

Zeile 8 SET COMSPEC speichert das Verzeichnis, wo DOS die Datei COMMAND.COM findet.

Zeile 9	SET TEMP bezeichnet das Verzeichnis, wo DOS temporäre Dateien ablegen soll. Das Verzeichnis muß zuvor bereits angelegt worden sein.
Zeile 10	Der PATH-Befehl bewirkt, daß die angegebenen Verzeichnisse bei Befehls- bzw. Programm-Aufrufen durchsucht werden.
Zeile 11	Der PROMPT-Befehl stellt einen Prompt mit Anzeige des aktuellen Verzeichnisses her.
Zeile 12	DOSSHELL ruft die MS-DOS-Benutzeroberfläche auf.

Die neue Systemanpassung wird erst durch den Aufruf von AUTOEXEC.BAT oder durch erneuten Systemstart wirksam.

Hinweise:
Den LOADHIGH-Befehl können Sie nur dann verwenden, wenn Sie mind. 1MB RAM besitzen und die CONFIG.SYS um die Befehle für die Nutzbarmachung des UMB (Upper Memory Block) ergänzt haben (vgl. Abschn. 2.12). Falls Sie nicht über den UMB verfügen, aber Ihre AUTOEXEC.BAT nach dem gezeigten Beispiel aufbauen wollen, lassen Sie die LOADHIGH-Anweisungen weg. Dadurch opfern Sie ungefähr 40KB Basisspeicher beim oben angeführten Beispiel.

Das Laden residenter Programme in den Upper Memory kann bei Anwendungsprogrammen zum Systemstopp (Absturz) führen, die diesen Bereich nutzen. In diesen Fällen ist davon abzuraten, den LOADHIGH-Befehl einzusetzen.

2.12 Konfigurationsdatei CONFIG.SYS

Die Datei **CONFIG.SYS** ist eine weitere Datei für die Systemanpassung. Noch bevor beim Systemstart die Datei COMMAND.COM geladen wird, führt das Betriebssystem die in CONFIG.SYS enthaltenen Konfigurationsbefehle aus. Konfigurationsbefehle berücksichtigt das System nur, wenn sie in die Datei CONFIG.SYS eingetragen wurden. Änderungen werden erst beim nächsten Systemstart wirksam. Die Eingabe von Konfigurationsbefehlen am DOS-Prompt führt zu Fehlernachrichten und ist wirkungslos.

Das Installationsprogramm SETUP richtet eine CONFIG.SYS ein, die Sie sich am Bildschirm anzeigen lassen können. Sie wird der auf S. 146 abgebildeten nahe kommen.

Meist ist es sinnvoll, eine Änderung der ursprünglichen CONFIG.SYS vorzunehmen, z.B. um die Anzahl der maximal zu öffnenden Dateien zu erweitern oder um einen Expanded-Memory-Manager einzurichten.

Ausführungsbeispiel:

```
C:\> type config.sys

COUNTRY=049,,C:\DOS\COUNTRY.SYS
DEVICE=C:\DOS\HIMEM.SYS
DOS=HIGH
FILES=30
BUFFERS=30
SHELL=C:\DOS\COMMAND.COM C:\DOS\ /p
```

Abb. 91: Die Datei CONFIG.SYS

Im folgenden Abschnitt werden die wichtigsten Konfigurationsbefehle erläutert:

- **BUFFERS**
- **COUNTRY**
- **DEVICE**
- **DEVICEHIGH**
- **DOS**
- **FILES**
- **SHELL**

2.12.1 Ein-/Ausgabepuffer bereitstellen (BUFFERS)

BUFFERS=Puffer[,Cache]	(Konfigurationsbefehl)

DOS richtet im RAM sogenannte **Ein-/Ausgabepuffer** (engl. buffer) ein. Ein-/Ausgabepuffer sind Bereiche, in die Daten nach dem Einlesen vom Datenträger bzw. vor dem Schreiben auf Datenträger zwischengespeichert werden. Sollen Daten aus einer Nutzdatei mittels eines Anwendungsprogramms verarbeitet werden, so transportieren Steuerprogramme des Betriebssystems auf Anweisung des Anwendungsprogramms die Daten zunächst in den Pufferbereich. Dort nimmt das Anwendungsprogramm die Daten in Empfang. Bei der Datenspeicherung spielt sich der Vorgang umgekehrt ab.

Bei vielen Anwendungen behindern zu niedrige Standardeinstellungen von 10-15 Puffern zu je 512 Byte den raschen Datenfluß zwischen Anwenderprogramm und Datenträger. Aus diesem Grund sollten Sie den Pufferbereich durch den Befehl **BUFFERS** vergrößern.

Der zusätzlich mögliche Cache-Parameter führt zur Einrichtung eines Cache-Bereichs, der zuletzt gelesene Sektoren bereithält. Mit seiner Hilfe wird eine

Beschleunigung des Plattenzugriff für Programmdateien und andere sequentielle Dateien erreicht. Bei Verwendung des Gerätetreibers SMARTDRV.SYS (vgl. DEVICE-Befehl) sollten Sie die Angabe von Cache unterlassen bzw. auf 0 setzen.

Parameter:

Puffer	Bestimmt die Menge der im RAM anzulegenden Puffer von je 512 Byte.
Cache	Werte zwischen 0 und 8. Multipliziert mit 512 Byte definiert der Wert den Speicherbedarf.

Konfigurationsbefehl:	**Systemreaktion:**
`buffers=30`	Das System erweitert den Ein- und Ausgabepufferbereich auf 15 KB.
`buffers=30,8`	Der Ein- und Ausgabepufferbereich ist 15 KB, der Cache 4KB groß.

2.12.2 Datums- und Zeitformat einstellen (COUNTRY)

COUNTRY=Landescode[,Zeichensatz,Datei] **(Konfigurationsbefehl)**

Der **COUNTRY**-Befehl erledigt die landesspezifische Anpassung der Datums- und Zeitformate für die Ein- und Ausgabe bei DOS-Befehlen (z.B. DATE, TIME, BACKUP).

Parameter:

Landescode	steht für die nationale Telefonvorwahlnummer eines Landes. Für die Bundesrepublik gilt die nationale Vorwahlnummer 049.
Zeichensatz	Nummer des Zeichensatzes. Standard ist der Zeichensatz 437. Ein weiterer internationaler Zeichensatz hat die Nummer 850. In der Regel werden Sie den Standardzeichensatz wählen. Wenn Sie die Angabe weglassen, verwendet DOS den Standardzeichensatz.
Datei	Die Tabelle für die landesspezifischen Darstellungsformate heißt COUNTRY.SYS.

Konfigurationsbefehl:	**Systemreaktion:**
`country=049`	Das Datum wird in der Form TT.MM.JJJJ, die Zeit in der Form HH.MM.SS,ss dargestellt.
`country=049,c:\dos\country.sys`	Wenn die Datei COUNTRY.SYS nicht im Stammverzeichnis steht, muß sie mit Pfad angegeben werden.
`country=049,850,c:\dos\country.sys`	DOS bedient sich des Zeichensatzes 850

2.12.3 Gerätetreiber einrichten (DEVICE)

DEVICE=[Pfad\]Gerätetreiber [Parameter] **(Konfigurationsbefehl)**

Gerätetreiber sind Schnittstellenprogramme. Programme des Betriebssystems und Anwenderprogramme steuern Ein-/Ausgabegeräte, die nicht im Standardumfang enthalten sind, mit besonderen Treibern an. Infolge der Besonderheiten von DOS werden auch Speichererweiterungen durch Gerätetreiber nutzbar gemacht. Die Programmschnittstellen für Standardgeräte (z.B. Tastatur, Bildschirm, Drucker) sind in DOS bereits vorgesehen, sie müssen nicht mittels DEVICE-Befehl installiert werden.

Treiberprogramme besitzen i.d.R. die Erweiterung .SYS und werden in DOS stets mit Hilfe der CONFIG.SYS installiert. Aus der Fülle der DOS-Gerätetreiber hier die für die meisten Anwender wichtigsten:

HIMEM.SYS
EMM386.EXE
MOUSE.SYS
SMARTDRV.SYS

2.12.3.1 HIMEM.SYS

HIMEM.SYS **(Gerätetreiber)**

High Memory Area (HMA) nennt man die ersten 64KB des Erweiterungsspeichers. Dieser Bereich läßt sich für die Auslagerung von DOS-Programmteilen und Gerätetreibern aus dem Basisspeicher verwerten. Damit entlasten Sie den konventionellen 640KB-Arbeitsspeicher erheblich. Voraussetzung: Sie besitzen einen PC mit mindestens einem 80286-Prozessor (AT-Generation) und Erweiterungsspeicher, also mehr als 640KB RAM Arbeitsspeicher.

Um DOS den HMA-Bereich zuzuweisen, muß außer der HIMEM.SYS-Installation ein weiter Befehl folgen: DOS=HIGH (vgl. unter Konfigurationsbefehl DOS).

Beispiel:

```
device=himem.sys
dos=high
```

DOS kann, konstruktiv bedingt und unabhängig vom Rechnertyp, nicht ohne weiteres auf Extended Memory (Speicher oberhalb 640KB) zugreifen. Hier kommt HIMEM.SYS zu Hilfe, der Treiber ist ein sog. *DOS-Extender*. Er bildet eine Schnittstelle für Anwendungsprogramme, die Extended Memory verlangen. Auch der Gerätetreiber SMARTDRV.SYS (vgl. S. 151) nutzt Extended Memory für seine Puffer. Doch ohne HIMEM.SYS können sie ihn dort nicht arbeiten lassen.

Beispiel:

```
device=c:\dos\himem.sys
dos=high
device=c:\dos\smartdrv.sys
```

2.12.3.2 EMM386.EXE

EMM386.EXE [Speicher][RAM][NOEMS]	(Gerätetreiber)

Einige Anwendungsprogramme sind so konstruiert, daß sie Expanded Memory (standardisiert unter dem Namen LIM EMS 4.0) belegen können. Expanded Memory ist eine Nutzungsform der Speichererweiterung. Expanded Memory wird im Bereich des Extended Memory eingerichtet und von einem Gerätetreiber namens **Expanded-Memory-Manager** verwaltet. Das bedeutet, der Expanded-Memory-Manager wandelt den Extended-Memory-Bereich ganz oder teilweise in Expanded Memory um.

Ursprünglich wurde der EMS-Standard für 8088/8086-Rechner (20Bit-Adreßbus) entwickelt, die nur auf diese Weise auf Speichererweiterungen über 640KB hinaus zugreifen können. Die Rechner ab der AT-Generation mit ihren breiteren Adreßbussen können bis 16MB (24Bit-Adreßbus) bzw. 4GB (32Bit Adreßbus) adressieren.

Der Expanded-Memory-Manager des DOS 5.0 ist der Treiber EMM386.EXE. Er ist auf Rechner mit 80386/80486-Prozessoren zugeschnitten. EMM386.EXE stellt nicht nur Expanded Memory, sondern auch **Upper Memory** (Speicher im Adressbereich zwischen 640KB und 1MB) zur Verfügung. Dort können Sie andere Gerätetreiber (mittel DEVICEHIGH, vgl. unten) und residente Programme (mittels LOADHIGH, vgl. Abschn. 2.11) hineinladen. Deshalb ist EMM386.EXE auch dann von Wert, wenn Sie Expanded Memory nicht brauchen. Falls Sie einen 8088-, 8086- oder 80286-

Rechner besitzen, können Sie EMM386.EXE nicht verwenden. Sie müssen dann auf ein anderes Produkt ausweichen. Ihr Händler wird Sie beraten.

EMM386.EXE muß nach HIMEM.SYS installiert werden. Der Treiber kann mit einer ganzen Reihe von optionalen Parametern konfiguriert werden. Hier die wichtigsten:

Parameter:

Ohne die Angabe von Optionen richtet EMM386.EXE, soweit möglich, 256KB Expanded Memory ein.

Speicher	Die Zahl gibt in KB an, wieviel Extended Memory in Expanded Memory umgewandelt werden soll. Der Maximalwert ist 32MB, der Standardwert 256.
RAM	Nicht nur Expanded Memory, sondern auch der Upper Memory soll zur Verfügung stehen.
NOEMS	Nur Upper Memory, nicht Extended Memory, soll zur Verfügung stehen. Bei dieser Option ist der Parameter "Speicher" selbstverständlich überflüssig. DOS nutzt Upper Memory nur, wenn der Befehl DOS=UMB oder DOS=HIGH,UMB der Installation von EMM386.EXE folgt.

Konfigurationsbefehle:	**Systemreaktion:**
`device=c:\dos\himem.sys` `device=c:\dos\emm386.EXE`	256KB Expanded Memory werden installiert.
`device=c:\dos\himem.sys` `device=c:\dos\emm386.exe 1024`	Es entsteht Expanded Memory mit einer Kapazität von 1MB
`device=c:\dos\himem.sys` `device=c:\dos\emm386.exe noems`	Nur der Upper Memory Block wird nutzbar gemacht
`device=c:\dos\himem.sys` `device=c:\dos\emm386.exe 1024 ram`	1MB Expanded Memory und Upper Memory sollen eingerichtet werden.

2.12.3.3 MOUSE.SYS

MOUSE.SYS	(Gerätetreiber)

Der Maustreiber MOUSE.SYS ist nicht im Lieferumfang von DOS enthalten. Sie erhalten ihn als Zubehör zusammen mit der Maus oder dem Trackball auf einer Diskette.

Konfigurationsbefehl:	**Systemreaktion:**
`device=c:\mouse\mouse.sys`	Der Maustreiber aus Verzeichnis C:\MOUSE wird aktiv.

2.12.3.4 SMARTDRV.SYS

SMARTDRV.SYS [Größe][Maximum][/A]	(Gerätetreiber)

SMARTDRV.SYS (smartdrive) richtet einen **Cache-Speicher** ein. Festplatten-Caches beschleunigen im allgemeinen Lesevorgänge. Smartdrive speichert die zuletzt von der Festplatte gelesenen Daten wahlweise im Extended oder im Expanded Memory, so daß bei erneutem Lesen der zeitaufwendigere Zugriff auf die Festplatte entfällt.

Die Größe des Cache-Bereichs kann fixiert oder durch Ober- und Untergrenzen festgelegt werden. Sie sollte zwischen 256KB und 1MB liegen. Manche Programme, z.B. WINDOWS 3.1, sind in der Lage, den Cache ihrem Bedarf anzupassen. Je nach Speicherbedarf für das Anwendungsprogramm wird dann der CacheSpeicher in seiner Ausdehnung verändert.

Parameter:

Größe	Cache-Bereich in KB (min. 128, max. 8192). Wenn WINDOWS 3.1 eingesetzt wird, bildet der Betrag die Obergrenze der Cache-Größe.
Minimum	Untergrenze der Cache-Größe in KB (Nur unter WINDOWS 3.1).
/A	Der Cache-Bereich wird in den Expanded Memory statt in den Extended Memory gelegt.

Hinweise:
SMARTDRV.SYS müssen Sie nach HIMEM.SYS laden, damit der Cache-Bereich im Extended Memory eingerichtet werden kann.
Wollen Sie den Cache-Bereich ins Expanded Memory verlegen (Parameter /A), muß dieser vorher von einem Expanded Memory Manager (z.B. EMM386.EXE) vorbereitet werden.

Smartdrive legt den Cache-Speicher in den Extended bzw. Expanded Memory, das residente Programm selbst arbeitet jedoch im Basisspeicher und belegt dort ca. 20KB. Falls Sie Upper Memory verfügbar haben, können Sie mit dem Befehl DEVICEHIGH (vgl. unten) statt DEVICE wertvollen Platz im Basisspeicher frei machen (vgl. Beispiele).

Konfigurationsbefehle:	**Systemreaktion:**
`device=c:\dos\himem.sys` `device=smartdrv.sys 256`	Smartdrive arbeitet im Basisspeicher. Der Cache-Bereich im Extended Memory beträgt 256KB.

`device=c:\dos\himem.sys`
`device=c:\dos\emm386.exe noems`
`devicehigh=smartdrv.sys 512 256`
	Smartdrive soll im Upper Memory arbeiten. Der Cache-Bereich ist zwischen 256KB und 512KB groß und liegt im Extended Memory.

`device=c:\dos\himem.sys`
`device=c:\dos\emm386.exe 1024 ram`
`devicehigh=smartdrv.sys 512 256 /a`
	Smartdrive soll im Upper Memory arbeiten. Der Cache-Bereich ist zwischen 256KB und 512KB groß und liegt im Expanded Memory.

2.12.4 Gerätetreiber im Upper Memory einrichten (DEVICE)

DEVICEHIGH=[Laufwerk:\][Pfad\]Gerätetreiber [Parameter]
(Konfigurationsbefehl)

Der DEVICEHIGH-Befehl legt Gerätetreiber in den Upper Memory. Die Befehlssyntax ist die gleiche wie beim DEVICE-Befehl.

Voraussetzungen für eine erfolgreiche Installation: Ihr PC besitzt mindestens 1-MB RAM, Sie haben Upper Memory zuvor verfügbar gemacht (vgl. HIMEM.SYS und EMM386.EXE) und der Treiber eignet sich für den Upper Memory. Nicht alle Treiber lassen sich dort hineinladen. DOS stellt fest, ob der Treiber die Voraussetzungen erfüllt. Falls nicht, installiert DOS den betreffenden Treiber automatisch im Basisspeicher.

Hinweis:
Die Belegung des Upper Memory durch Gerätetreiber kann bei manchen Anwendungsprogrammen zum "Absturz" (Systemstopp) führen. In diesen Fällen verwenden Sie den DEVICE-Befehl.

2.12.5 Speicherbereich für DOS festlegen (DOS)

DOS=[HIGH oder LOW][,UMB oder NOUMB] **(Konfigurationsbefehl)**

Der DOS-Konfigurationsbefehl bestimmt, ob DOS vollkommen im Basisspeicher oder auch teilweise im HMA (High-Memory-Bereich) und im UMB (Upper-Memory-Block) arbeiten soll. Durch die Auslagerung aus dem Basisspeicher vergrößern Sie den verfügbaren Bereich des Basisspeichers. Für die Auslagerung von DOS aus dem Basisspeicher in den HMA, ist ein Erweiterungsspeicher notwendig, sowie die Installation von HIMEM.SYS. Falls Sie DOS auch den UMB zur Verfügung stellen wollen, müssen Sie zudem EMM386.EXE aktivieren.

Parameter:

HIGH	DOS soll teilweise in den HMA ausgelagert werden.
LOW	DOS soll ausschließlich im Basisspeicher arbeiten.
UMB	DOS darf, wenn bereit, neben HMA auch UMB verwenden.
NOUMB	UMB darf nicht von DOS belegt werden.

Konfigurationsbefehle:	**Systemreaktion:**
`dos=high`	DOS wird zum Teil in den HMA gestellt
`dos=high,umb`	DOS kann HMA und UMB belegen

2.12.6 Menge der maximal geöffneten Dateien (FILES)

FILES=Anzahl **(Konfigurationsbefehl)**

Den FILES-Befehl brauchen Sie, wenn Sie mehr als 8 Dateien gleichzeitig offen halten wollen. Das ist die Regel bei der Arbeit mit Datenbanksystemen. Oft liegen dann mehr Dateien geöffnet im Zugriff als DOS standardmäßig zuläßt. Die Standardeinstellung in DOS ist 8, d.h. 8 Dateien können gleichzeitig offen sein, wenn der Befehl FILES in der Datei CONFIG.SYS fehlt.

Parameter:

Anzahl	Bezeichnet die Menge der Dateien, die gleichzeitig geöffnet werden dürfen.
Konfigurationsbefehl:	**Systemreaktion:**
`files=30`	Das System gestattet 30 gleichzeitig geöffnete Dateien.

2.12.7 Befehlsinterpreter laden (SHELL)

SHELL=[Pfad\]Befehlsinterpreter [Verzeichnis][/E:Größe][/P]

Der Befehlsinterpreter (auch Befehls- oder Kommandoprozessor) des DOS heißt COMMAND.COM. Er enthält alle internen DOS-Befehle, er nimmt Ihre Befehle entgegen, analysiert sie und gibt gegebenenfalls Nachrichten aus. COMMAND.COM interpretiert auch Stapeldateien (z.B. AUTOEXEC.BAT) und managt ihre Ausführung. Im Verlauf des Systemstarts wird COMMAND.COM resident geladen und gibt das Bereitschaftszeichen (DOS-Prompt) aus.

Wenn der Befehlsinterpreter in einem anderen als dem Stammverzeichnis steht oder falls Sie eine größere als die standardmäßige Systemumgebung (environment) einrichten wollen, schreiben Sie den entsprechenden SHELL-Befehl in die CONFIG.SYS.

Parameter:

Verzeichnis	Diese Pfadangabe wird als COMSPEC-Variable in die Systemumgebung eingetragen. Mit dem SET-Befehl (vgl. auch AUTOEXEC.BAT) kann sie später verändert werden.
/E:Größe	Größe gibt die Ausdehnung der Systemumgebung an. Sie ist standardmäßig ohne Angabe dieses Parameters 256 Byte groß. Falls Sie mehr brauchen, um eigene Variablen dort zu speichern, können Sie hier einen höheren Wert angeben.
/P	Damit wird der Befehlsinterpreter permanent installiert und aufgefordert, die Datei AUTOEXEC.BAT auszuführen. Wenn Sie /P weglassen, müssen Sie den Befehl AUTOEXEC selbst eingeben, um Ihr System anzupassen.

Konfigurationsbefehle:	**Systemreaktion:**
`shell=c:\dos\command.com c:\dos /e:512 /p`	Der Befehlsinterpreter wird aus dem Verzeichnis C:\DOS permanent geladen. Die Systemumgebung erhält 512 Byte im Arbeitsspeicher.

2.12.8 Beispiele für sinnvolle Konfigurationsdateien

Mit dem Texteditor EDIT erstellen Sie folgende Konfigurationsdatei, die in vielen Fällen den Ansprüchen genügen wird.

Beispiel:

```
COUNTRY=049,,C:\DOS\COUNTRY.SYS
FILES=30
BUFFERS=30
DEVICE=C:\DOS\HIMEM.SYS
DEVICE=C:\DOS\EMM386.EXE NOEMS
DEVICEHIGH=C:\DOS\SMARTDRV.SYS 512 256
SHELL=C:\DOS\COMMAND.COM C:\DOS /P
DOS=HIGH,UMB
```

Das Beispiel konfiguriert einen 80386/80486-PC mit mehr als 1MB RAM recht günstig. Vor dem Aufruf der AUTOEXEC.BAT, die meist eine Reihe resident bleibender Programme lädt, stehen 612KB freier Basisspeicher zu Verfügung. Solche sog. TSR-Programme (terminate stay resident) sind z.B KEYB.COM, DOSKEY.COM, MIRROR.COM. Die drei genannten Programme können Sie auch mit dem LOAD-HIGH-Befehl in der AUTOEXEC.BAT in verfügbaren UMB verlagern, so daß der Basisspeicher durch sie nicht belastet wird.

Falls Sie mit einer Maus arbeiten, müssen Sie noch MOUSE.SYS aktivieren. Entweder mit dem Befehl

DEVICE=C:\MOUSE\MOUSE.SYS
oder mit
DEVICEHIGH=C:\MOUSE\MOUSE.SYS

falls Sie einen Maustreiber besitzen, der problemlos im UMB arbeitet. Der Maustreiber von WINDOWS 3.1 tut das.

Benutzen Sie den MEM-Befehl mit dem Parameter /C, um die Speicherbelegung Ihres PC zu prüfen.

Ausführungsbeispiel:

```
C:\> mem /c

Konventioneller Speicher:

  Name              Größe (dezimal)        Größe (Hex)
-------------     --------------------    ------------
  MSDOS               14176    ( 13.8KB)      3760
  HIMEM                1120    (  1.1KB)       460
  EMM386               9920    (  9.7KB)      26C0
  COMMAND              3008    (  2.9KB)       BC0
  FREI                   64    (  0.1KB)        40
  FREI               626864    (612.2KB)     990B0

Insgesamt FREI:      626928    (612.2KB)

Hoher Speicher (Upper Memory)

  Name              Größe (dezimal)        Größe (Hex)
-------------     --------------------    ------------
  SYSTEM             163840    (160.0KB)     28000
  MOUSE               14816    ( 14.5KB)      39E0
  SMARTDRV            21520    ( 21.0KB)      5410
  KEYB                 6208    (  6.1KB)      1840
  DOSKEY               4144    (  4.0KB)      1030
  MIRROR               6512    (  6.4KB)      1970
  FREI                   64    (  0.1KB)        40
  FREI                  112    (  0.1KB)        70
  FREI                44768    ( 43.7KB)      AEE0

Insgesamt FREI:       44944    ( 43.9KB)

Insg. verfügbarer Arbeitsspeicher (Konventioneller+hoher):    671872  (656.1KB)
Maximale Größe für ausführbares Programm:                     626736  (612.0KB)
Größter freier Block im hohen Speicher (Upper Memory):         44768  ( 43.7KB)

     .     .     .     .     .     usw.
```

Abb. 92: Ausführung von MEM /C nach der Neukonfigurierung

Das zweite Beispiel für eine CONFIG.SYS geht von einem PC mit 80286-Prozessor und min. 1MB RAM aus. Hier kann der Expanded-Memory-Manager des DOS 5.0 nicht eingesetzt werden. Deshalb steht Ihnen UMB in diesem Fall nicht zur Verfügung.

Beispiel:

```
COUNTRY=049,,C:\DOS\COUNTRY.SYS
FILES=30
BUFFERS=30
DEVICE=C:\DOS\HIMEM.SYS
SHELL=C:\DOS\COMMAND.COM C:\DOS /P
DOS=HIGH
```

Es gibt Expanded-Memory-Manager anderer Softwarehersteller, die Sie mit einem 80286-Rechner einsetzen können.

Falls Sie mit einem PC arbeiten, dessen RAM nur 640KB Speicherkapazität aufweist, müssen Sie auf HMA verzichten. DOS bleibt dann vollständig im Basisspeicher.

Beispiel:

```
COUNTRY=049,,C:\DOS\COUNTRY.SYS
FILES=20
BUFFERS=20
SHELL=C:\DOS\COMMAND.COM C:\DOS /P
```

2.13 Diskette und Festplatte unter MS-DOS

Die **Diskette** hat als **magnetischer Datenträger** für den PC die weiteste Verbreitung gefunden. Daneben hat sich die fest in den PC eingebaute **Magnetplatte** (Festplatte) infolge ihrer hohen Speicherkapazität und ihrer kurzen Zugriffszeit für professionelle Anwendungen etabliert. Die Speicherverwaltung beider Datenträger, also die Art und Weise, wie Daten auf Diskette und Festplatte abgelegt werden, ist prinzipiell gleich. Dennoch gibt es technisch bedingte Unterschiede, z.B. in der Anzahl von Spuren und Sektoren, sowie in der Größe der Zylinder pro Datenträger.

2.13.1 Sektor, Spur und Zylinder

Ein **Diskettenlaufwerk** schreibt oder liest konzentrisch angeordnete Kreisbahnen auf der Diskette, die man als **Spuren** bezeichnet. Das Schreiben und Lesen besorgen zwei **Magnetköpfe** mit den Nummern 0 und 1, die von unten und von oben auf der Diskette anliegen, während diese sich dreht. Beim Schreiben werden die Magnetköpfe abwechselnd durch elektrische Impulse angeregt. Sie hinterlassen dabei auf den Diskettenspuren Informationen in Form magnetisierter Stellen (Bits). Beim Lesen kehrt sich der Vorgang um. Die magnetisierten Stellen auf der Diskette erzeugen während der Diskettenbewegung in den Magnetköpfen elektrische Impulse, die das Laufwerk an die Zentraleinheit weiterleitet.

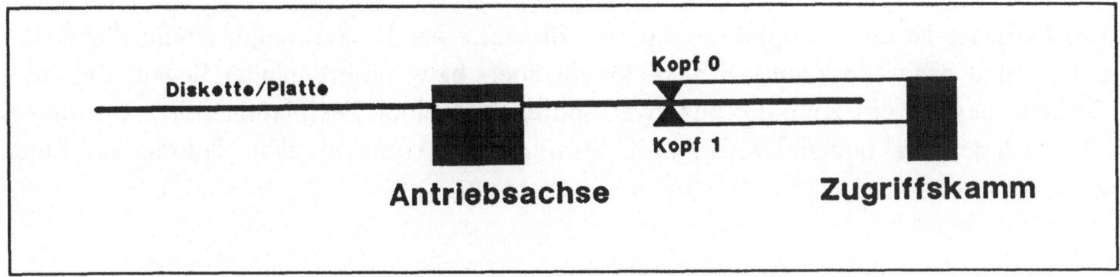

Abb. 93: Schema eines Diskettenlaufwerks, Seitenansicht

Während der Datenübertragung sind die Magnetköpfe 0 und 1 abwechselnd aktiv, sie lesen bzw. schreiben auf beiden Seiten der Diskette. Beim Speichern von Daten bewegt sich der **Zugriffskamm**, der beide Magnetköpfe trägt, erst dann zur nächsten Spurposition, wenn die obere und die untere Spur vollständig beschrieben sind.

Die **Festplatteneinheit** besitzt meist vier oder mehr Magnetköpfe. Die Magnetköpfe der Festplatte liegen im Gegensatz zum Diskettenlaufwerk nicht auf der Plattenoberfläche auf, sondern "überfliegen" sie in sehr geringem Abstand. Infolgedessen bleibt die Oberfläche einer Festplatte verschleißfrei. Sie kann sich darum erheblich schneller drehen als die Diskette. Dies führt zu entsprechend kürzeren Zugriffszeiten.

Die Spuren der Diskette/Festplatte sind in **Sektoren** unterteilt. Sektoren sind Spurabschnitte, die unter MS-DOS jeweils 512 Byte bzw. Zeichen aufnehmen können. Je nach Plattenformat kann eine Spur 9, 15, 18 oder mehr Sektoren besitzen. Der Schreib- bzw. Lesezugriff erfolgt auf einen ganzen Sektor. Er ist die **kleinste adressierbare Einheit** einer Diskette/Platte. Das bedeutet, wenn Daten geändert werden sollen, muß das dazu benutzte Programm den Sektorinhalt in den Eingabe-/Ausgabe-Puffer im RAM holen, ihn dort ändern und zurückschreiben. Es werden immer vollständige Sektoren gelesen oder geschrieben, unabhängig davon, wie viele Daten bearbeitet werden sollen.

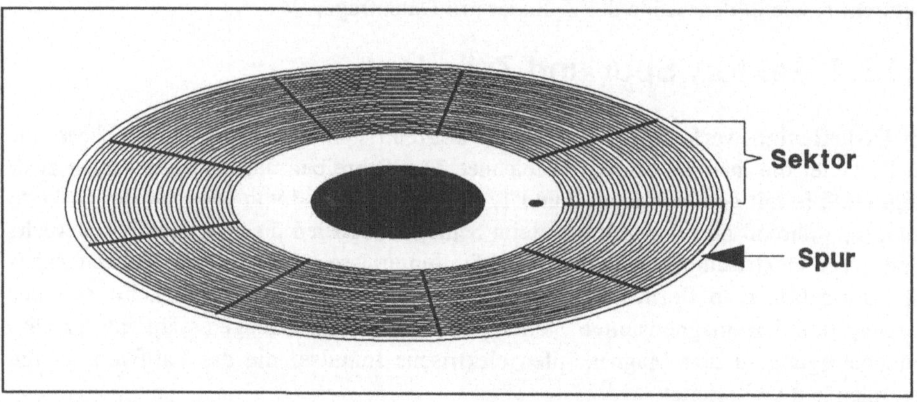

Abb. 94: Formatierte Diskette

Ein **Zylinder** ist eine Gruppe von Spuren, die auf einer Diskette oder einem Plattenstapel vertikal benachbart sind, d.h. senkrecht über- bzw. untereinander liegen. Bei einer Diskette besteht ein Zylinder aus zwei Spuren, bei einer Festplatteneinheit mit einem Plattenstapel aus beispielsweise fünf Einzelplatten kommen zehn Spuren auf einen Zylinder.

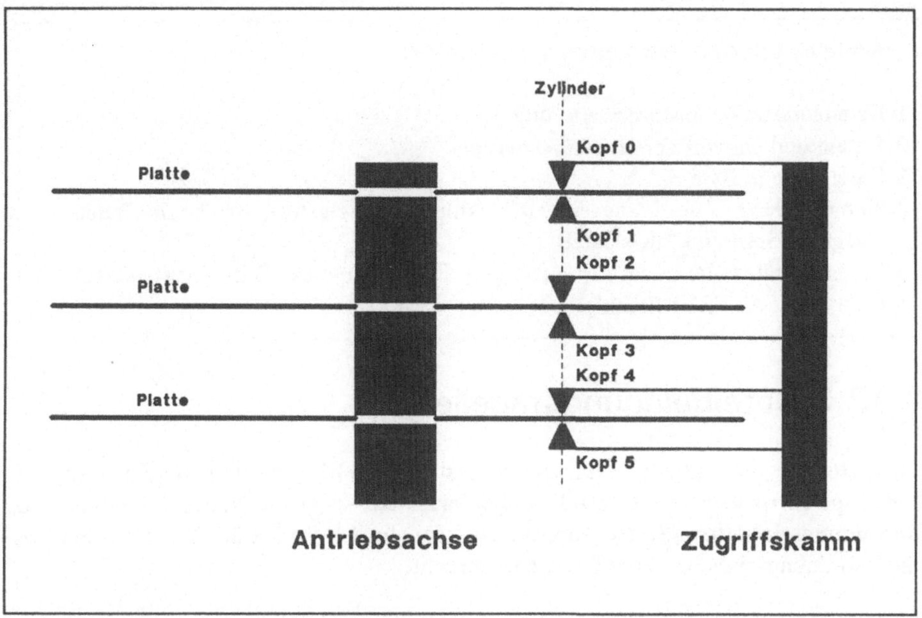

Abb. 95: Schema eines Festplattenlaufwerks mit 3 Platten, Seitenansicht

Disketten und Festplatten können unter DOS abhängig von ihrer Materialbeschaffenheit und ihrer Formatierung 40, 80, 305, 614 und mehr Zylinder bzw. Spuren pro Plattenoberfläche aufweisen.

2.13.2 Stammverzeichnis

Jede Platte wird durch das Formatieren in Spuren und Sektoren eingeteilt. Gleichzeitig legt der FORMAT-Befehl ein Stammverzeichnis und eine Dateibelegungstabelle in der ersten Spur (Spur 0) an. Mit Hilfe dieser Verzeichnisse verwaltet MS-DOS den Speicherplatz auf dem Datenträger.

Das **Stammverzeichnis** (root directory) beinhaltet alle Informationen über die gespeicherten Dateien und die direkt untergeordneten Unterverzeichnisse mit Ausnahme der Speicherplatzkontrolle, die von der Dateibelegungstabelle übernommen wird. Im wesentlichen enthält ein Verzeichnis die folgenden Einträge für jede Datei. Einen Teil dieser Informationen macht der DIR-Befehl sichtbar.

Wesentliche Informationen eines Verzeichnisses

1. Dateiname und Namenserweiterung
2. Datum und Uhrzeit der letzten Änderung
3. Dateigröße in Byte
4. Nummer der 1. Zuordnungseinheit (Sektorgruppe, cluster), welche die Datei belegt (= Startpunkt der Datei)
5. Dateiattribute (Merkmale für verborgene Datei, Nur-Lese-Datei, Systemdatei usw., vgl. ATTRIB-Befehl))

2.13.3 Dateibelegungstabelle

Die **Dateibelegungstabelle** (FAT, file allocation table) kontrolliert die Zuweisung des Plattenspeicherplatzes. Die FAT bildet aus ein oder mehreren Sektoren sog. **Zuordnungseinheiten** (Sektorgruppen, **cluster**). In der FAT trägt MS-DOS ein, welche Zuordnungseinheiten eine Datei beansprucht.

Wird auf eine Datei zugegriffen, so sucht DOS die Datei aufgrund ihres Namens im Directory (Verzeichnis) auf. Dort steht die erste durch die Datei belegte Zuordnungseinheit vermerkt. Der nächste Zugriff gilt der FAT. Hier sind alle weiteren zur Datei gehörenden Zuordnungseinheiten mit ihrer Nummer registriert. Aufgrund dieser Aufzeichnungen stellt DOS die Datei vollständig zusammen. Um eine Datei zu übertragen, greift DOS abwechselnd auf Verzeichnis, Dateibelegungstabelle und Zuordnungseinheiten zu.

Im folgenden Beispiel wird angenommen, eine Datei belegt 7 Zuordnungseinheiten, und das Stammverzeichnis weist auf die unten dargestellten Einträge in der Dateibelegungstabelle hin. Das System erkennt aus der Nummernfolge, in welchen Zuordnungseinheiten die Datei steht. EOF (end of file) bezeichnet die Zuordnungseinheit, mit welcher die Datei endet.

214	215	216	217	218	219	EOF

2.13.4 Diskettenformate

Disketten unterscheiden sich in ihrer Beschaffenheit, vor allem in Beschichtung und Größe. Heute überwiegen Disketten mit **doppelter** und mit **hoher** Speicherdichte mit einem Durchmesser von **3,5** oder **5,25** Zoll. Dementsprechend gibt es eine Vielzahl von Diskettenformaten für Personalcomputer. Als Standard gelten heute folgende Formate:

Durchmesser	Dichte	Kapazität
5,25 Zoll	doppelt	360 KB
5,25 Zoll	hoch	1,2 MB
3,5 Zoll	doppelt	720 KB
3,5 Zoll	hoch	1,44 MB
3,5 Zoll	hoch	2,88 MB

Die **Diskettenformate** sind untereinander nur bedingt aufwärtskompatibel, auch wenn sie den gleichen Durchmesser besitzen. Das Einlesen von Disketten doppelter Dichte in Laufwerken mit hoher Schreibdichte ist problemlos möglich. Jedoch können Disketten mit hoher Dichte nur in entsprechenden Laufwerken gelesen und beschrieben werden. Außerdem kann es später zu Lesefehlern kommen, wenn in einem Laufwerk für Disketten hoher Dichte eine Diskette doppelter Dichte beschrieben wird.

1 - 1 ASCII-Code: 0 bis 127 in sechs Darstellungen: Grafikzeichen, Dezimal (D), Strg (^) bzw. Text(''), Oktal (O), Hexadezimal (H), Binär (B)

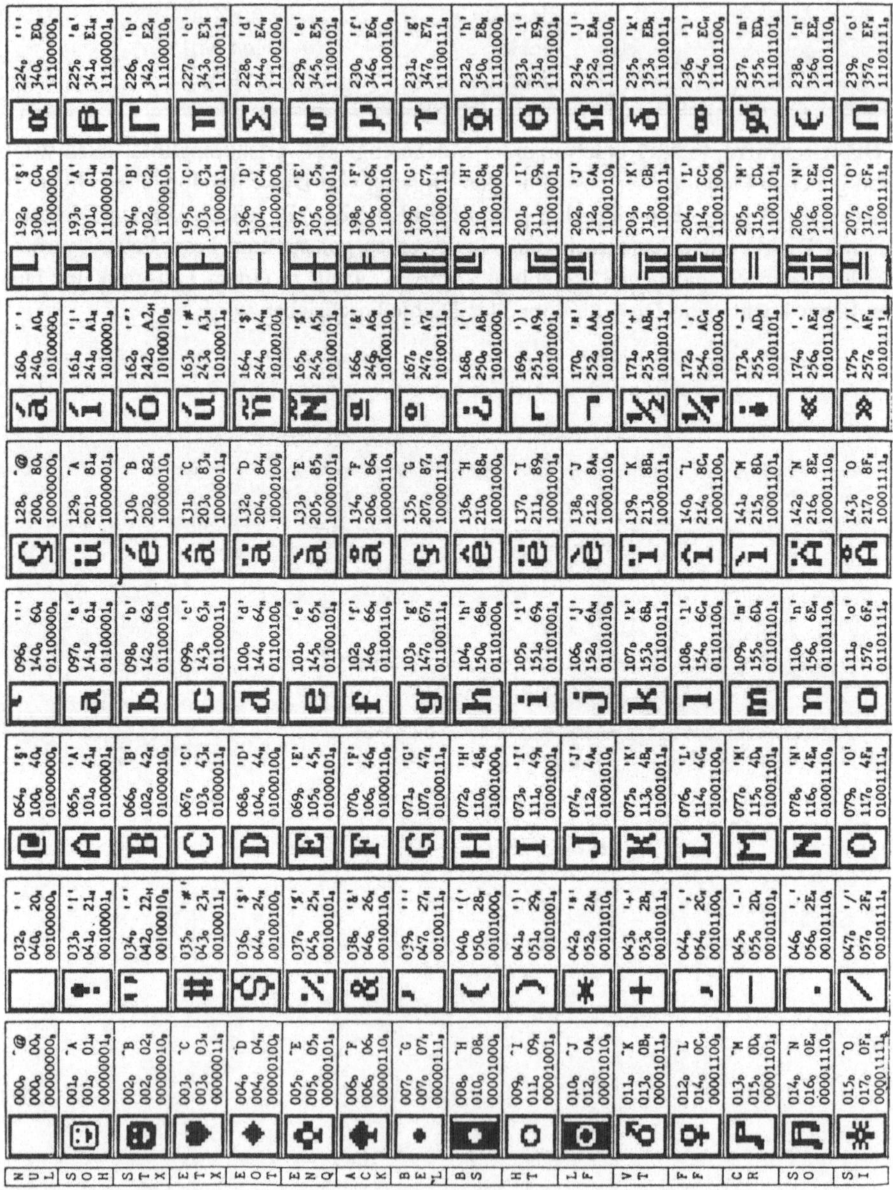

	Zeichen	D	Strg/Text	O	H	B
NUL		000	^@	000	00	00000000
SOH	☺	001	^A	001	01	00000001
STX	☻	002	^B	002	02	00000010
ETX	♥	003	^C	003	03	00000011
EOT	♦	004	^D	004	04	00000100
ENQ	♣	005	^E	005	05	00000101
ACK	♠	006	^F	006	06	00000110
BEL	•	007	^G	007	07	00000111
BS	◘	008	^H	010	08	00001000
HT	○	009	^I	011	09	00001001
LF	◙	010	^J	012	0A	00001010
VT	♂	011	^K	013	0B	00001011
FF	♀	012	^L	014	0C	00001100
CR	♪	013	^M	015	0D	00001101
SO	♫	014	^N	016	0E	00001110
SI	☼	015	^O	017	0F	00001111
		032	' '	040	20	00100000
	!	033	'!'	041	21	00100001
	"	034	'"'	042	22	00100010
	#	035	'#'	043	23	00100011
	$	036	'$'	044	24	00100100
	%	037	'%'	045	25	00100101
	&	038	'&'	046	26	00100110
	'	039	'''	047	27	00100111
	(	040	'('	050	28	00101000
	)	041	')'	051	29	00101001
	*	042	'*'	052	2A	00101010
	+	043	'+'	053	2B	00101011
	,	044	','	054	2C	00101100
	-	045	'-'	055	2D	00101101
	.	046	'.'	056	2E	00101110
	/	047	'/'	057	2F	00101111
	@	064	'§'	100	40	01000000
	A	065	'A'	101	41	01000001
	B	066	'B'	102	42	01000010
	C	067	'C'	103	43	01000011
	D	068	'D'	104	44	01000100
	E	069	'E'	105	45	01000101
	F	070	'F'	106	46	01000110
	G	071	'G'	107	47	01000111
	H	072	'H'	110	48	01001000
	I	073	'I'	111	49	01001001
	J	074	'J'	112	4A	01001010
	K	075	'K'	113	4B	01001011
	L	076	'L'	114	4C	01001100
	M	077	'M'	115	4D	01001101
	N	078	'N'	116	4E	01001110
	O	079	'O'	117	4F	01001111
	`	096	'''	140	60	01100000
	a	097	'a'	141	61	01100001
	b	098	'b'	142	62	01100010
	c	099	'c'	143	63	01100011
	d	100	'd'	144	64	01100100
	e	101	'e'	145	65	01100101
	f	102	'f'	146	66	01100110
	g	103	'g'	147	67	01100111
	h	104	'h'	150	68	01101000
	i	105	'i'	151	69	01101001
	j	106	'j'	152	6A	01101010
	k	107	'k'	153	6B	01101011
	l	108	'l'	154	6C	01101100
	m	109	'm'	155	6D	01101101
	n	110	'n'	156	6E	01101110
	o	111	'o'	157	6F	01101111
	Ç	128	^@	200	80	10000000
	ü	129	^A	201	81	10000001
	é	130	^B	202	82	10000010
	â	131	^C	203	83	10000011
	ä	132	^D	204	84	10000100
	à	133	^E	205	85	10000101
	å	134	^F	206	86	10000110
	ç	135	^G	207	87	10000111
	ê	136	^H	210	88	10001000
	ë	137	^I	211	89	10001001
	è	138	^J	212	8A	10001010
	ï	139	^K	213	8B	10001011
	î	140	^L	214	8C	10001100
	ì	141	^M	215	8D	10001101
	Ä	142	^N	216	8E	10001110
	Å	143	^O	217	8F	10001111
	á	160	' '	240	A0	10100000
	í	161	'!'	241	A1	10100001
	ó	162	'"'	242	A2	10100010
	ú	163	'#'	243	A3	10100011
	ñ	164	'$'	244	A4	10100100
	Ñ	165	'%'	245	A5	10100101
	ª	166	'&'	246	A6	10100110
	º	167	'''	247	A7	10100111
	¿	168	'('	250	A8	10101000
	⌐	169	')'	251	A9	10101001
	¬	170	'*'	252	AA	10101010
	½	171	'+'	253	AB	10101011
	¼	172	','	254	AC	10101100
	¡	173	'-'	255	AD	10101101
	«	174	'.'	256	AE	10101110
	»	175	'/'	257	AF	10101111
	└	192	'§'	300	C0	11000000
	┴	193	'A'	301	C1	11000001
	┬	194	'B'	302	C2	11000010
	├	195	'C'	303	C3	11000011
	─	196	'D'	304	C4	11000100
	┼	197	'E'	305	C5	11000101
	╞	198	'F'	306	C6	11000110
	╟	199	'G'	307	C7	11000111
	╚	200	'H'	310	C8	11001000
	╔	201	'I'	311	C9	11001001
	╩	202	'J'	312	CA	11001010
	╦	203	'K'	313	CB	11001011
	╠	204	'L'	314	CC	11001100
	═	205	'M'	315	CD	11001101
	╬	206	'N'	316	CE	11001110
	╧	207	'O'	317	CF	11001111
	α	224	'''	340	E0	11100000
	β	225	'a'	341	E1	11100001
	Γ	226	'b'	342	E2	11100010
	π	227	'c'	343	E3	11100011
	Σ	228	'd'	344	E4	11100100
	σ	229	'e'	345	E5	11100101
	µ	230	'f'	346	E6	11100110
	τ	231	'g'	347	E7	11100111
	Φ	232	'h'	350	E8	11101000
	Θ	233	'i'	351	E9	11101001
	Ω	234	'j'	352	EA	11101010
	δ	235	'k'	353	EB	11101011
	∞	236	'l'	354	EC	11101100
	φ	237	'm'	355	ED	11101101
	ε	238	'n'	356	EE	11101110
	∩	239	'o'	357	EF	11101111

1 - 1 ASCII-Code: 128 bis 255 in sechs Darstellungen: Grafikzeichen, Dezimal (D), Strg (^) bzw. Text(''), Oktal (O), Hexadezimal (H), Binär (B)

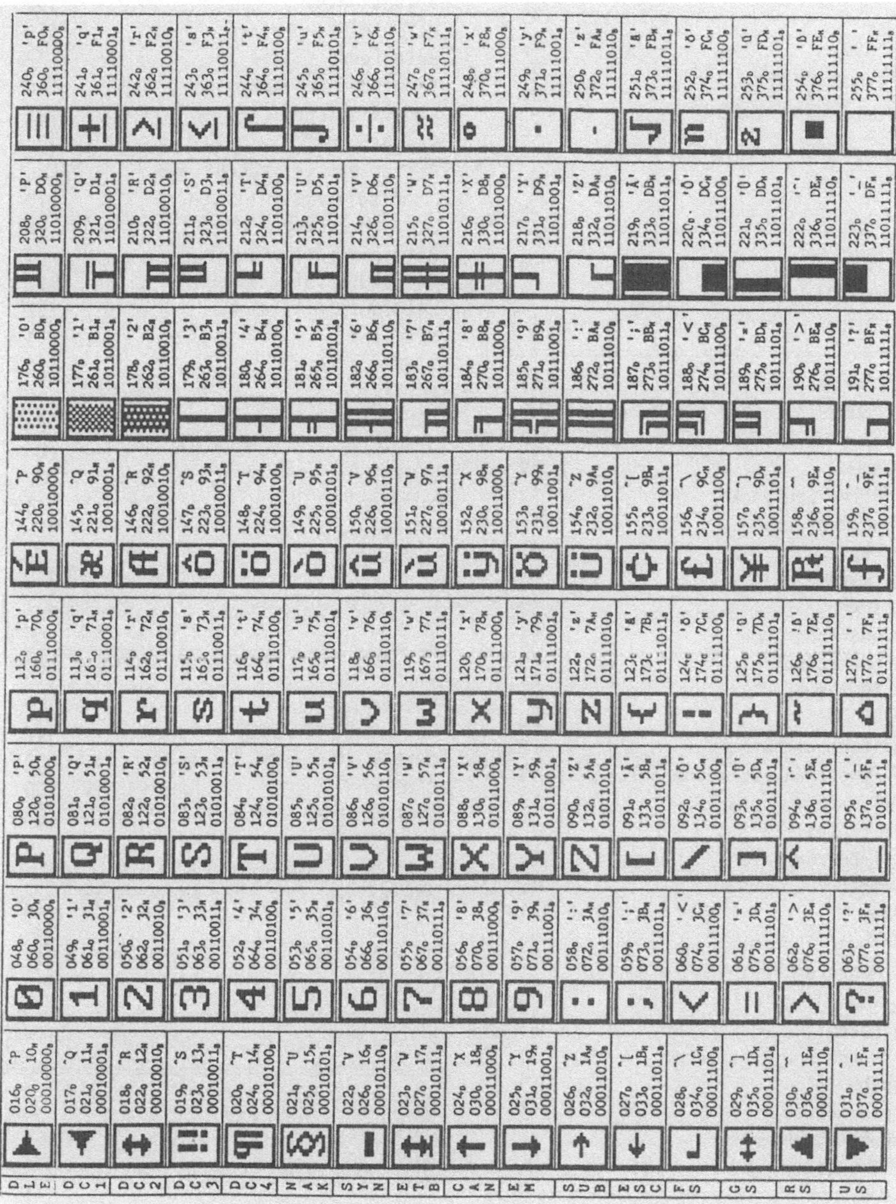

DLE	► 016D ^P 020O 10H 00010000B	0 048D '0' 060O 30H 00110000B	P 080D 'P' 120O 50H 01010000B	p 112D 'p' 160O 70H 01110000B	É 144D ^P 220O 90H 10010000B	░ 176D '0' 260O B0H 10110000B	╨ 208D 'P' 320O D0H 11010000B	≡ 240D 'p' 360O F0H 11110000B
DC1	◄ 017D ^Q 021O 11H 00010001B	1 049D '1' 061O 31H 00110001B	Q 081D 'Q' 121O 51H 01010001B	q 113D 'q' 161O 71H 01110001B	æ 145D ^Q 221O 91H 10010001B	▒ 177D '1' 261O B1H 10110001B	╤ 209D 'Q' 321O D1H 11010001B	± 241D 'q' 361O F1H 11110001B
DC2	↕ 018D ^R 022O 12H 00010010B	2 050D '2' 062O 32H 00110010B	R 082D 'R' 122O 52H 01010010B	r 114D 'r' 162O 72H 01110010B	Æ 146D ^R 222O 92H 10010010B	▓ 178D '2' 262O B2H 10110010B	╥ 210D 'R' 322O D2H 11010010B	≥ 242D 'r' 362O F2H 11110010B
DC3	‼ 019D ^S 023O 13H 00010011B	3 051D '3' 063O 33H 00110011B	S 083D 'S' 123O 53H 01010011B	s 115D 's' 163O 73H 01110011B	ô 147D ^S 223O 93H 10010011B	│ 179D '3' 263O B3H 10110011B	╙ 211D 'S' 323O D3H 11010011B	≤ 243D 's' 363O F3H 11110011B
DC4	¶ 020D ^T 024O 14H 00010100B	4 052D '4' 064O 34H 00110100B	T 084D 'T' 124O 54H 01010100B	t 116D 't' 164O 74H 01110100B	ö 148D ^T 224O 94H 10010100B	┤ 180D '4' 264O B4H 10110100B	╘ 212D 'T' 324O D4H 11010100B	⌠ 244D 't' 364O F4H 11110100B
NAK	§ 021D ^U 025O 15H 00010101B	5 053D '5' 065O 35H 00110101B	U 085D 'U' 125O 55H 01010101B	u 117D 'u' 165O 75H 01110101B	ò 149D ^U 225O 95H 10010101B	╡ 181D '5' 265O B5H 10110101B	╒ 213D 'U' 325O D5H 11010101B	⌡ 245D 'u' 365O F5H 11110101B
SYN	▬ 022D ^V 026O 16H 00010110B	6 054D '6' 066O 36H 00110110B	V 086D 'V' 126O 56H 01010110B	v 118D 'v' 166O 76H 01110110B	û 150D ^V 226O 96H 10010110B	╢ 182D '6' 266O B6H 10110110B	╓ 214D 'V' 326O D6H 11010110B	÷ 246D 'v' 366O F6H 11110110B
ETB	↨ 023D ^W 027O 17H 00010111B	7 055D '7' 067O 37H 00110111B	W 087D 'W' 127O 57H 01010111B	w 119D 'w' 167O 77H 01110111B	ù 151D ^W 227O 97H 10010111B	╖ 183D '7' 267O B7H 10110111B	╫ 215D 'W' 327O D7H 11010111B	≈ 247D 'w' 367O F7H 11110111B
CAN	↑ 024D ^X 030O 18H 00011000B	8 056D '8' 070O 38H 00111000B	X 088D 'X' 130O 58H 01011000B	x 120D 'x' 170O 78H 01111000B	ÿ 152D ^X 230O 98H 10011000B	╕ 184D '8' 270O B8H 10111000B	╪ 216D 'X' 330O D8H 11011000B	° 248D 'x' 370O F8H 11111000B
EM	↓ 025D ^Y 031O 19H 00011001B	9 057D '9' 071O 39H 00111001B	Y 089D 'Y' 131O 59H 01011001B	y 121D 'y' 171O 79H 01111001B	Ö 153D ^Y 231O 99H 10011001B	╣ 185D '9' 271O B9H 10111001B	┘ 217D 'Y' 331O D9H 11011001B	∙ 249D 'y' 371O F9H 11111001B
SUB	→ 026D ^Z 032O 1AH 00011010B	: 058D ':' 072O 3AH 00111010B	Z 090D 'Z' 132O 5AH 01011010B	z 122D 'z' 172O 7AH 01111010B	Ü 154D ^Z 232O 9AH 10011010B	║ 186D ':' 272O BAH 10111010B	┌ 218D 'Z' 332O DAH 11011010B	· 250D 'z' 372O FAH 11111010B
ESC	← 027D ^[033O 1BH 00011011B	; 059D ';' 073O 3BH 00111011B	[091D 'Ä' 133O 5BH 01011011B	{ 123D 'ä' 173O 7BH 01111011B	¢ 155D ^[233O 9BH 10011011B	╗ 187D ';' 273O BBH 10111011B	█ 219D 'Ä' 333O DBH 11011011B	√ 251D 'ä' 373O FBH 11111011B
FS	∟ 028D ^\ 034O 1CH 00011100B	< 060D '<' 074O 3CH 00111100B	\ 092D 'Ö' 134O 5CH 01011100B	¦ 124D 'ö' 174O 7CH 01111100B	£ 156D ^\ 234O 9CH 10011100B	╝ 188D '<' 274O BCH 10111100B	▄ 220D 'Ö' 334O DCH 11011100B	ⁿ 252D 'ö' 374O FCH 11111100B
GS	↔ 029D ^] 035O 1DH 00011101B	= 061D '=' 075O 3DH 00111101B	] 093D 'Ü' 135O 5DH 01011101B	} 125D 'ü' 175O 7DH 01111101B	¥ 157D ^] 235O 9DH 10011101B	╜ 189D '=' 275O BDH 10111101B	▌ 221D 'Ü' 335O DDH 11011101B	² 253D 'ü' 375O FDH 11111101B
RS	▲ 030D ^^ 036O 1EH 00011110B	> 062D '>' 076O 3EH 00111110B	^ 094D '^' 136O 5EH 01011110B	~ 126D 'ß' 176O 7EH 01111110B	₧ 158D ^^ 236O 9EH 10011110B	╛ 190D '>' 276O BEH 10111110B	▐ 222D '^' 336O DEH 11011110B	■ 254D 'ß' 376O FEH 11111110B
US	▼ 031D ^_ 037O 1FH 00011111B	? 063D '?' 077O 3FH 00111111B	_ 095D '_' 137O 5FH 01011111B	⌂ 127D ' ' 177O 7FH 01111111B	ƒ 159D ^_ 237O 9FH 10011111B	┐ 191D '?' 277O BFH 10111111B	▀ 223D '_' 337O DFH 11011111B	255D ' ' 377O FFH 11111111B

E

F